KB264084

음악에 관한 몇 가지 생각

음악에 관한 몇 가지 생각

니컬러스 쿡 지음
장호연 옮김

Music: A Very Short Introduction

곰출판

차례

일러두기

— 모든 각주는 역주입니다.

— 인명과 지명은 국립국어원 외래어 표기법에 따라 표기하였습니다.

— 이 책은 2016년 곰출판에서 번역 출간된 《음악에 관한 몇 가지
　생각》의 전면 개정판입니다.

감사의 말

초고를 읽고 도움이 되는 의견을 준 톰 매콜리, 아리아나 필립스허턴,
익명의 심사원에게 고마움을 전한다. 새로운 주제와 아이디어를
내게 전해준 케임브리지대학의 대학원생, 포스트닥터 연구원, 동료들에게
고마움을 전한다. 초판을 읽고 오류를 정정하거나 제안하거나 과제를 하는
데 도움을 받고자 내게 연락한 많은 독자들이 있다. 그들에게도 감사의
말을 전한다. 마지막으로, 책을 제작하는 과정에서 도움을 주고 인내해준
제니 누지, 바바니 고빈다사미에게도 고맙다는 말을 전한다.

들어가며

"나는 되고 싶어… 음악가가." 프루덴셜 사의 40초짜리 연금보험 TV 광고에 나오는 첫마디다. 이 광고는 헤드폰을 쓴 젊은이가 자신의 미래를 그리는 장면으로 시작해 여러 장면을 교차하며 전개된다. 먼저, 젊은이가 마음속에서 한 말을 그의 아버지가 받는다("너도 이제 밥값을 해야지, 아들아"). 그런 다음 젊은이는 첫 앨범을 내고 싶다고 말한다(우리는 젊은이가 공원에서 잔디 깎는 모습을 본다). 그는 웸블리 스타디움을 관객으로 꽉 채우고 싶다고 말한다(우리는 그가 슈퍼마켓 진열대에 시리얼을 채우는 모습을 본다). 이제 젊은이의 꿈이 보인다. 그는 재즈/록 밴드에서 연주 중이다. 카메라가 피아노를 치는 그에게 다가가자 그 뒤로 매력적인 보컬리스트 두 명이 보인다. 갑자기 화면이 런던 베이스워터 지역의 휘틀리 쇼핑센터로 바뀐다. 그는 여전히 피아노를 치고 있지만, 매력적인 보컬리스트들은 나이 지긋한 여성들로 변한다. 그중 한 명이 묻는다. "〈바비의 여자가 되고 싶어요〉라는 곡 알아요?" 그가 "아니요"라고 중얼거린다.

우리에게는 그가 연주하는 음악이 들리지 않는다. 그 대신 들려오는 것은 고전음악 형식의 느린 노래 선율이다. 균형 잡힌 네 개 악절이 자연스럽게 이어지다가 마지막

음들이 나올 때 당연하게도 프루덴셜 로고가 등장한다.
(이 광고는 같은 음악이 나오는 시리즈 광고 가운데 하나다.)
광고는 꿈과 현실 사이의 간극을 보여주는 밴드 음악과
고전음악의 대조를 통해 정반대 가치들을 나타낸다. 하나는
음악가가 되려는 젊은이의 열망이 상징하는 젊음과
자유이고, 다른 하나는 아버지와 연금이라는 타당하지만
따분한 세계다. 자기 표현과 자신에 대한 솔직함이
미덕인 밴드 음악은 이 광고가 목표로 하는 인구 집단을
겨냥한 것이다. 한편 고전음악 선율 위로 흘러나오는
권위적이면서도 마음 놓이는 목소리는 여러분이 어떤 일을
하든 프루덴셜 연금과 함께 갈 수 있다고 설명한다. 이런
목소리가 마무리 선율과 결합하여 광고의 메시지를 만든다.
"노년을 어떻게 대비할지 생각해야지. 하지만 걱정하지 마.
프루덴셜이 있으니까." 음악이 이 메시지를 확인시켜준다.
　　나는 1998년에 출간된 《음악에 관한 몇 가지 생각 Music:
A Very Short Introduction》 초판을 이 광고 이야기로 시작했다.
1990년대에 나온 광고이니 지금 보면 영상 스타일이
다소 낡았지만, 그럼에도 변함없는 것은 복잡한 문화적
의미를 전달하는 음악의 능력이다. 음악은 우리가 사는
세계에 대한 가치관과 소중한 믿음을 담는다. 우리가 느끼는
감정을, 우리가 누구이며 어떤 존재가 되고 싶은지를
꿰뚫어본다. 음악은 사람들을 향한다. 사실을 전달하는
것은 내레이션이지만, 여러분 각자에게 은밀하게 말을 거는
것은 음악이다. 음악이 설득한다. 그리고 이런 일들은
부지불식간에 일어날 수 있다. 음악은 인생의 큰 즐거움 중
하나이며, 아울러 문화와 정체성에 깊이 뿌리내리고 있다.

　　그러므로 이 개정판은 초판을 일부 계승했다. 똑같이 음악을 문화로서 강조한다. 우리가 만들고, 그것에 대해 생각하고, 그 안에서 생각하는 무언가로서 음악을 바라본다. 몇 가지 예도 공유한다. 그러나 1998년 이후로 많은 것이 달라졌으므로 나는 책을 완전히 새로 썼다. 디지털 기술이 음악 세계의 모든 것을 크게 바꿔놓았다. 이에 대해 하나의 장을 할애하기도 했고, 책 곳곳에 이런 변화가 스며들어 있다. 이 책은 더욱 글로벌화된 세계를 반영하고, 음악이 실시간 연주로서 갖는 의미를 한층 더 강조한다.

　　나는 초판을 오늘날 쓴다면 어떨지 생각하며 이 책을 썼다. 하지만 오늘날은 나도, 그 누구도 예상하지 못했던 모습으로 도래했다. 이 책은 코로나19 팬데믹이 절정일 2020년 11월에 나올 예정이다. 전 세계에서 사회적 모임이 크게 제한되면서 실황 연주와 아울러 대부분 음악가들의 수입이 뚝 끊겼다. 무대 공연 단체들은 연극, 무용, 음악의 미래에 심각한 우려를 표명하며 정부 지원을 호소하고 있다. 함께 노래하는 것이 바이러스의 슈퍼 전파 요인이 될 수 있음이 밝혀지자 영국에서는 BBC 오케스트라 연주자들이 서로 2미터씩 떨어져서 연주하고 청중이 집에서 듣는 음악회가 열렸다. 이렇게 사회적으로 격리된 상황은 새로운 종류의 오케스트라 사운드를 창조했다. 소리의 섞임보다 개별 연주자의 역량이 더 크게 작용하기 때문이다. 그리고 장르와 전통을 막론하고 모든 음악가들이 전례 없는 실험을 하고 있다. 물리적으로 떨어진 소리를 인터넷으로 연결하여 실시간으로 음악을 완성하는 실험이다. 스트리밍 업체가 최고 수혜자라고 생각할지도 모르겠지만,

그들도 광고 예산이 대폭 줄면서 어려움을 겪고 있다.
이런 모든 상황이 앞으로 어떤 영향을 미칠까? 2020년은
음악의 역사에서 분기점으로 기록될까? 아니면 큰 변화를
초래하지는 않는 그저 일시적인 일탈일까? 여러분이
이 책을 읽을 즈음이면 이런 질문에 나보다 나은 대답을
할 수도 있겠다.

1장

시간의 예술

함께 늙어가기

구글에서 '음악'을 검색하면 96억 9000만 건의 결과물
가운데서 그림1과 2를 볼 수 있을 것이다. 이 중에서 어느
것이 음악일까? 음악이란 사람들이 행하는 활동일까,
아니면 사람들이 만드는 산물일까? 서양(대략적으로 유럽과
아메리카 대륙, 영어권 국가들을 통칭하는 개념)에서는

그림 1. 과르네리 현악 4중주단. 왼쪽이 아널드 스타인하트다.

음악을 활동보다는 산물에 더 가깝다고 보는 오랜 전통이 있다. 음악 교육자 크리스토퍼 스몰이 명확히 행위를 나타내는 '음악하다musicking'라는 동사를 만들어 균형을 바로잡은 것이 20세기 후반이다. 하지만 베토벤 교향곡 7번이 연주되는 도중에 콘서트홀이 불타더라도 교향곡은 사라지지 않는다고 했던 프랑스 철학자 장폴 사르트르의 말에서 음악이 두 가지 차원에서 존재한다는 생각을 읽을 수 있다. 산물로서의 음악은 시간과 공간에 얽매이지 않지만, 행위로서의 음악은 지금 여기서 일어난다.

시간의 예술이라고들 말하는 음악은 모든 문화 활동을

14

그림2. 1882년 브라이트코프 운트 헤르텔(라이프치히)에서 출간한 모차르트 현악 4중주 G장조 K.387의 악보 첫머리. 19세기 말에 고전음악을 권위 있는 영구적인 형식으로 보존하고자 이런 걸작들을 다시 펴냈다.

통틀어 시간과 가장 본질적으로 얽힌 예술일 것이다.
집단적인 재즈 즉흥연주에서 음악가들은 서로의 연주에 계속
귀를 기울이며 실시간으로 음악을 빚어낸다. 재즈만이
아니다. 전통과 장르를 막론하고 음악을 함께 만들려면
찰나에 상호작용하는 기술이 필요하다. 과르네리 4중주단의
제1바이올리니스트 아널드 스타인하트는 현악 4중주단에서
처음 연주했던 경험을 들려준다. 그와 필라델피아 커티스
음악원의 세 동료가 맡은 곡은 모차르트 현악 4중주 K.387
(K는 모차르트 음악 목록을 확립한 루트비히 폰 쾨헬을
나타내며, 387은 이 곡에 쾨헬이 붙인 번호다)이었다. 그때
이미 거장다운 테크닉을 갖췄던 스타인하트에게 그가 맡은
파트는 말도 안 되게 쉬워 보였지만 몇 분 만에 그는 마음을
고쳐먹었다.

> 앙상블은 엉망이었다. 우리 모두 신호를 놓쳤다. (…)
> 이것이 그토록 쉬운 음악이었다면 어째서 내가 음을
> 틀리고 형편없는 소리를 내고 단순한 리듬에도
> 그 고생을 했겠는가?

악보에서는 음들의 단순한 연속으로 보이던 음악이 연주에
들어가면 면밀히 듣고 곧바로 반응해야 하는 복잡한 신호의
연결망이 된다. 연주에서 시간은 역동적이고 유연하고
상황적이어서 음악에 따라 더 빠르게 혹은 느리게 흐르는
것처럼 보인다. 게다가 사회적이기도 하다. 연주자들은
상호작용을 통해 서로와, 그리고 청중과 음악적 시간을
공유한다. 협의가 이루어지는 것이다. 자신의 박자만

고집하며 다른 사람이 나에게 맞추리라 기대해서는 안 된다. 그들이 나에게 맞추듯이 다른 사람에게 귀 기울이고 나도 그들에게 맞춰야 한다. 그렇기에 재즈든 현악 4중주든 연주자에게 가장 치명적인 비판은 '듣지 않는다'는 것이다. 음악적 시간을 만드는 것은 이런 관계의 연결망이다.

시간에 대해 생각하면 우리는 자연스럽게 음악을 떠올리게 된다. 1951년 독일의 사회학자 알프레트 슈츠는 상호주관성에 대한 글에서 시계의 시간과 음악의 시간을 구분했다. 어디서든 모든 초와 분이 동일한 시계와 달리 음악에서 경험하는 시간은 역동적이고 협의되며 사회적으로 형성된다. 이후에 나올 히피 언어를 예고하기라도 하듯 슈츠는 말했다. "음악적 과정이 지속되는 동안에는 연주자와 청자가 서로에게 '주파수를 맞추고tuned-in' 동일한 흐름을 함께 거치면서 함께 늙어간다."

사람들이 관계를 통해 "함께 늙어가면서 상대방의 존재의 성립에 계속해서 참여한다"는 영국의 사회학자 엘리자베스 핼럼과 팀 잉골드의 말에서 유사한 생각을 읽을 수 있다. 핼럼과 잉골드에 따르면, 우리는 이렇게 사회적으로 공유된 시간에서 살아간다. "뿌리나 덩굴이 땅속으로 파고드는 것처럼 앞으로 뻗어가는 끝에서 자라는" 시간이다. 사람들은 삶을 자신의 경로를 그려나가는 지도처럼, 과거를 돌아볼 수 있고 미래가 저 앞에 펼쳐진 공간처럼 여긴다. 하지만 실제 삶은 그런 식이 아니다. 펼쳐지기를 마냥 기다리는 미래는 없으며 우리는 다가오는 매 순간을 산다. 어떻게 될지 모르는 미래를 향해 계속 나아가고 일어나는 일에 최선을 다해 반응하면서 삶을 이어간다. 마치 즉흥연주처럼. "즉흥연주와 창조성은 사회적·문화적 삶을 이루는 본질적 일부이다." 핼럼과 잉골드의 말이다. 삶은 대본이 없다. 계획을 세울 수는 있겠지만 결국은 우리가 나아가면서 그때그때 만드는 것이다.

즉흥연주는 '실시간으로 존재하는 음악'을 이루는 근본적 차원이기도 하다. 악보에서 음악은 불변하는 관계 속에 고정된 음표들의 나열이다. 하지만 연주하고 들을 때 음악은 (사회심리학자 케네스 거건의 표현을 빌리자면) "끝없는 움직임의 세계, 불연속적인 '형식'이 아니라 연속적인 '형성'의 세계"이며, 인간관계가 본질만 남은 간소한 형태로 전개되는 경험의 세계가 된다. 특히 재즈의 즉흥연주는 지도자도 추종자도 위계도 규칙도 없고 사이좋게 일하고 노는 사람들만 있는 평등한 사회의 상을 나타내는 것으로 자주 거론되었다. 재즈의 발원지인 미국의 맥락에서 보자면, 즉흥연주는 인종차별 없는 사회의 모습을 보여주는 것으로 여겨졌다.

1945년, 흑인 시인이자 민속학자이며 하버드 교수인 스털링 브라운은 '잼 세션'에서 민주주의를 보았다. "흑인 음악가들과 백인 음악가들은 공공장소든 사적 장소든 동등하게 만나 단체로 즉흥연주를 하면서 좋아하는 음악을 빚어낸다. 여기서 연주자의 피부색은 문제가 되지 않는다." 이처럼 재즈 즉흥연주를 유토피아로 바라보는 시각과 종종 대조되는 것은 서양 고전음악(혹은 '예술 음악') 전통에서 관료적 절차와 규칙, 규제, 위계를 보는 시각이다. 작곡가가 지시한 것을 연주자가 그대로 연주하고 지휘자는 이것을 감시하려고 존재한다는 것이다. 재즈 평론가 벤 시드런은

재즈와 고전음악이라는 대조적인 문화가 "말로 소통하는
사람"과 "글로 소통하는 사람"의 근본적으로 구별되는
사고방식을 표현하는 것이라고 본다. 하나는 즐겁게 서로
어울리며 즉석에서 만드는 문화, 다른 하나는 권위 있는
텍스트를 굴종적으로 재현하는 문화다. 시드런에게 구어적
특징은 "'흑인' 고유의 리듬 처리 방식"과 연결된다. 이러한
시각은 말과 글, 즉흥연주와 재현, 재즈와 고전음악이라는
대립항을 그저 인종 문제로 귀결해버릴 수 있다.

음악은 이런 식의 흑백 사고를 무너뜨린다. 현실과
동떨어진 이상화된 해석도 나오곤 하는데, 즉흥연주는
과거 전통에 아무것도 기대지 않으니 진정한 의미에서
자유롭다는 관점이 그중 하나다. 시민권 운동이 일어나던
1950년대와 60년대에 '프리 재즈'라는 장르가 발전하여,
당시 지배적이던 비밥 스타일의 기본 특징들을 의도적으로
거부했다. 규칙적인 노래 구조, 박자, 익숙한 화성 진행,
심지어 색소폰 같은 관습적인 악기 소리까지 말이다.
즉흥연주는 자유의 핵심에 닿아 있는 듯 보였다. 하지만
실제로 프리 재즈는 비밥 이전 여러 양식의 다양한
면을 참고했고, 서양 외의 전통에서 가져온 것도 있었다.
이런 요소들을 새로운 방식으로 재구성함으로써
존 콜트레인과 오넷 콜먼 같은 예술가들은 동시대 비밥
스타일의 규범을 넘어섰다. 그렇다고 그들이 과거로부터
자유로운 것은 아니었다.

비슷한 시기에 대서양 반대편에서 발전한 또다른 자유
즉흥연주가 이 점을 잘 보여준다. 이 움직임은 고전음악
('예술' 음악) 전통에서 출발했다가 연주에서 전통의 모든

흔적을 지우고자 즉흥 앙상블 형태를 취했다. 전후 모더니즘
작곡가 피에르 불레즈는 이런 식으로 만들어진 공허한 음악을
비웃었다. 처음에는 신났다고 한다.

> 모두들 더 격렬하게, 격렬하게, 시끄럽게, 시끄럽게,
> 시끄럽게 연주했다. 그러고 나면 지겨워져서 2분 정도
> 조용, 조용, 조용, 조용히 했다. 얼마 뒤에 누군가가
> 정신을 차리면 다시 시끄럽게들 굴었고, 이내 지겨워져
> 이번에는 저번보다 더 오래 쉬었다.

완전히 합당한 설명은 아니겠지만 불레즈가 말하려는
요점은 분명하다. 미리 정해놓은 것 없이 그냥 연주한다는
의미의 즉흥연주는 타성적인 매너리즘에 빠지고 만다.
결국에는 자신이 하던 것을 모방할 뿐이다. 더블베이스
연주자, 피아니스트, 작곡가, 밴드리더인 찰스 밍거스는
자칭 사이키델리아의 대부 티머시 리어리에게 이렇게
말했다. "아무것도 없이 즉흥연주를 할 수는 없어요. 뭐라도
가지고 해야죠." 민족음악학자 브루노 네틀은 같은 의견을
좀 더 학술적인 언어로 표현했다. "즉흥 연주자들이
항상 뭔가를 출발점으로 삼아 연주한다는 말은 금과옥조라고
해도 좋다."

잘 알려진 기존 곡(이른바 '스탠더드')을 가져와 연주하는
전통 재즈의 관행을 이렇게 설명할 수 있다. 연주자는
어떤 곡조의 일부나 모두를 가져오기도 하고 화성 진행만
가져오기도 하지만, 어떤 경우든 독주자의 즉흥연주는
'공통된 기대'라는 틀 속에서 이루어진다. 독주자는 다른

밴드 멤버 및 청중과 상호작용하면서 음반에 수록된 유명한
즉흥연주도 가져올 수 있다. 민족음악학자 폴 벌리너가
재즈 전통의 근간이 되는 요소라고 했던 여러 익숙한
"아이디어, 짧은 악절lick, 트릭, 패턴, 따온 소절crip, 클리셰
그리고 가장 기능적으로 말해 본인이 할 수 있는 것"을
자유롭게 엮을 수도 있다. 재즈 음악가들만 이렇게 하는 것이
아니다. 민족음악학자 로던 누신Laudan Nooshin은 평생에
걸쳐 여러 아이디어와 패턴을 습득하여 머릿속에 저장해둔
것이 이란Iranian 음악의 바탕을 이룬다고 말한다. 그러니
어떤 것이 즉흥연주이고 어떤 것이 기존 음악에서 가져온
연주인지 따로 떼서 말할 수 없다. 이런 예는 전 세계
곳곳에 넘쳐난다.

　　이렇듯 즉석 연주와 기존 음악 연주는 사람들의
생각만큼 별개가 아니다. 가장 유명한 재즈 즉흥연주자
루이 암스트롱을 보자. 1920년대 미국에서 자신의
음악에 대한 저작권을 주장하려면 악보를 제출해야 했다.
그래서 암스트롱은 즉흥연주를 음반에 '담기' 몇 해 전에
일일이 악보로 적어 제출했다. 악보와 음반은 거의
정확히 일치했다. 여기서 보듯 재즈 즉흥연주가 실은 그냥
즉석에서 만들어내는 것이 아니라 기존 곡조와 화성
패턴, 기타 공식들을 서로 엮은 것이라면, 역으로 기존의
작품을 연주하는 것도 시드런이 날카롭게 대립시킨
'말'과 '글'이 시사하는 것보다 즉흥연주에 더 가깝다.
스타인하트와 동료들이 첫 리허설에서 맞닥뜨린
문제는 서로 시간을 협의하는 법을 몰랐다는 것이다. 달리
말하면 그들은 즉흥연주를 어떻게 하는지 몰랐다.

연주에서 협의가 필요한 것은 시간만이 아니다. 현악 4중주에서 사용되는 바이올린, 비올라, 첼로에는 프렛[1]이 없어서 연주자들은 음높이를 서로 계속 맞춰가며 전체 울림을 만든다. 음악 질감의 변화와 출렁이는 흐름에 따라 음량의 균형도 함께 조정한다. 그러니 K.387을 들을 때 여러분은 모차르트가 쓴 선율만이 아니라 끊임없이 움직이는 네 연주자 간 상호작용의 직조물을 듣는다(사람들이 음악을 듣고 또 듣는 이유가 바로 이것이다). 연주자들은 악보에 적힌 음들을 연주하는 것이기도, 귀로 들으며 연주하는 것이기도 하다.

사실 고전음악 연주자들이 악보를 재현한다는 생각 자체가 지나친 단순화이다. 연주 실수 얘기가 아니다. 일례로 18세기에는 일반적으로 악보에 모든 음을 다 적지 않았다. 선율과 베이스라인에다, 종종 화성을 나타내는 숫자를 적었다(재즈로 치자면 리드 시트 같은 것이다). 대체로 선율은 바이올린이나 목관 연주자가 맡았고, 베이스라인은 첼로나 감바 연주자가 담당했다. 그리고 제3의 연주자가 있었다. 주로 하프시코드 연주자, 가끔은 소형 오르간이나 류트 연주자가 베이스라인을 똑같이 연주하면서 화성을 채워 내성부를 풍부하게 했다. 이런 악기 편성은 색소폰, 더블베이스, 피아노, 드럼으로 구성되는 재즈 4중주단과 유사한 면이 있다.

유사한 면은 또 있다. 18세기 트리오 소나타에서 제3의

---

1. 일부 현악기의 지판(指板)에 금속 돌기를 부착하여 정확한 음을 짚도록 만든 것이다.

연주자(콘티누오[2] 연주자)는 숫자로 표기된 저음부를
연주하는 데서 상당한 자유를 누렸다. 그저 음표를 따라
연주하는 것이 아니었다. 바이올린이나 목관 연주자에게는
재량권이 더 많았다. 특히 느린 악장에서는 독주자가
자유롭게 악보를 바탕으로 즉석에서 연주하는 것이
당연시되었다. 관행적인 장식음을 더하거나 음이 도약할 때
스케일로 그 안을 채우거나 아예 화성에 어울리는 새로운
선율을 만들어내기도 했다. 이는 재즈 독주자들이 하는 일과
대단히 비슷하다. 오늘날 우리가 이런 사실을 아는 것은
작곡가나 연주자가 초보자들에게 어떻게 연주하면 좋을지
지침을 주려고 종종 자신이 연주한 음을 악보에 적은
덕분이다.

연주자가 악보에서 본 것을 그대로 연주해야 한다는
생각은 나중에야 확립되었다. 내가 오보에 연주자가 되려고
했을 때는 이런 식으로 배웠고, 그래서 트리오 소나타를
연주할 때 악보에 적힌 음들을 차례로 다 연주하며 사람들이
왜 이런 걸 연주하는 걸까 의아해했다.

음악 연구와 연주

문: 음악가들 주위에서 어슬렁거리는 사람을 뭐라고
부를까?

답: 비올라 주자.

2. 통주저음(通奏低音). 바로크 시대 음악의 특징으로, 저성부에
주로 숫자로 부기된 줄임표에 따라 오르간이나 류트 주자 등이
즉흥적으로 화성을 보충하며 반주 역할을 했다.

아예 '비올라 농담'이라는 범주가 따로 있을 정도지만, 서양 고전음악 전통에서 평판이 나쁜 것은—혹은 더 나쁘게도 아예 없는 것은—비올라 주자만이 아니다. 연주자들이 대체로 다 그렇다. 기이한 모순이다. 음악 산업과 매체는 언제나 엔리코 카루소와 아르투로 토스카니니에서 루치아노 파바로티, 니컬라 베네데티에 이르는 스타 연주자들을 떠받들기 때문이다. 사람들은 그들을 들으려고 음악회를 찾는다. 그들이 연주하는 곡 때문이 아니다. 전통적으로 역사학자들은 음악에 달리 접근하기 때문에 스타일(선율 패턴, 화성 언어, 리듬과 박 등의 요소들 간 관계나 이런 요소들이 빚어내는 형식)의 발전과 이런 스타일을 구현한 '걸작masterworks'—이 단어에 주목하라—을 남긴 작곡가들에 집중한다.

그 결과가 20세기 후반에 한 권짜리 음악사 책의 표준적인 양식으로 자리 잡았다. 이런 책은 원시적인 단계의 음악에서 시작하며 보통 아프리카나 오세아니아의 예들을 삽화와 함께 소개한다. 그런 다음 중세부터 1945년까지 서양 음악을 훑으면서 고전음악 전통에 집중한다(여기가 가장 큰 비중을 차지한다). 이제 재즈나 미국 대중음악을 잠깐 언급하고, 갈수록 글로벌화되는 오늘날 세계에서 음악이 차지하는 자리를 살펴보는 것으로 마무리되는 식이다. 이런 식의 역사 서술에는 여러 문제가 있다. 일단 서양을 암묵적으로 특별한 자리에 둔다. 서양이라는 용어는 지리, 역사, 문화별로 특수한 가치들을 뒤섞어버려 문제다. 그 뒤섞이는 가치들 가운데 '진보'가 있다. 이런 식의 역사관에서 음악은 거침없이 과거에서 현재로 이어지고, 저 앞에 놓인, 펼쳐지기를 기다리고 있는 미래를 향해 나아간다. 이것은 역사를 공간처럼 사고하도록 만들어 현재 벌어지는 모든 일들을 불가피한 것으로 만든다. 또한 '서양 음악'이라는 용어는 악기, 기보법, 아이디어를 제한적인 정도로만 공유하는, 대체로 지역적인 관습들의 느슨한 조합이라기보다 확실하게 정의되고 연속적으로 이어지는 전통이라는 인상을 준다.

더 큰 문제는 스타일에 집중하는 서술은 음악을 인간이 행하는 것이 아니라 산물로 보도록 한다는 점이다. 이런 역사관에서는 작곡가가(모두는 아니겠지만) 부각되면서 연주자와 청자는 대체로 모습이 지워졌다. 연주자가 언급될 때는 주목을 끌어 작곡가와 청자 사이에서 걸림돌이 되었다며 비판받는 경우가 많다. 몇몇 작곡가들이 이런 식으로 생각했다. 20세기 초 모더니즘 음악의 선구자 아널드 쇤베르크는 언젠가 연주자에 대해 "유감스럽게도 악보를 직접 읽을 수 없는 청자가 음악을 이해할 수 있게 해석해주는 것을 제외하면 전적으로 불필요한 존재"라고 말했다. 연주자의 위치를 저 아래에 두는 음악적 계급 체제의 사고다. 연주자는 솜씨를 갖춘 작업자로 여겨졌고, 음악사를 실질적으로 이끌어가는 작곡가들이 부여한 임무를 수행하는 것이 맡은 바 역할이었다. 이런 사고에는 부작용이 있었다. 고전음악 전통에서 여성은 작곡보다 연주에서 훨씬 더 두각을 나타냈기에, 역사책에서 그들의 존재가 거의 지워져버렸다(걸작이란 남자주인master의 작품work임을 기억하라).

3장에서 나는 고전음악 연주자가 폄하되는 이러한 역사적 배경을 살펴볼 것이다. 연주자들은 실제로는 경쟁이

치열한 직업 부문에서 업적을 이룬 예술가이며 청자가
듣는 사실상 모든 것을 책임지는 사람이다. 여기서 꼭 짚고
넘어갈 게 있다. 사람들이 어떻게 연주를 배우는지와 관련된
문제다. 19세기 초까지 음악가들은 주로 남들과 함께
연주하며, 스승이나 조언자의 도움을 받으며 기량을 닦았다.
일종의 도제 시스템이었다. 이런 식의 현장 학습은 재즈나
대중음악계에서 여전히 이루어진다(교육자들은 '비공식
학습'이라고 부른다). 그러나 1800년 이후에 일어난 산업화·
도시화와 연계된 현대화 과정의 일환으로 학습은 음악원과
대학 같은 공식적인 제도 교육으로 넘어갔다. 함께
연주하면서 배우는 학습도 이어졌지만, 교과서에 수록해
수업시간에 가르치는 성문화된 지식(학술적 지식)에 토대를
둔 커리큘럼으로 포섭되었다. 2000년 무렵 고등 음악 교육은
제도화된 지식 산업의 일부가 되었다. 이러한 맥락 속에서
학술적 음악 연구가 융성했다.

　　여기서 지식의 본질과 연관되는 문제가 제기된다.
대학에서 통용되는 지식은 관찰하고, 그 결과를 일반적으로
적용되는 원칙으로 체계화하고, 기록해 정리한 것이다.
미래를 위해 마련한 지식이며, 일종의 인지적 자본이다
('지식 경제'라는 말이 그래서 나왔다). 연주하는 학생들이
'이론'이라는 명목으로 배우는 게 이런 것인데, 이는
먼저 이론을 배우고 그런 다음 실제에 어떻게 적용할지
익힘으로써 음악가가 된다는 뜻이다. 하지만 '명시적
지식'이라고 불리는 이런 지식만 있는 것이 아니다.
실시간으로 복잡한 판단을 거쳐 체득하는 '암묵적 지식'도
있다. 곡예, 사이클, 자동차 경주, 비디오게임을 생각해보라.

당연히 음악도 그러하다. 이런 종류의 지식은 순수하게 정신으로 터득하기보다 몸으로 익히는 것이다. 손가락이 나보다 더 잘 안다는 게 이런 것이다.

암묵적 지식이 어떤 것인지, 높은 수준의 음악성에서 어떤 몫을 담당하는지 안 것은 아주 최근 일이다. 앞서 언급했던 음악적 계급 체제 때문이다. 여러분은 음악학 학술대회에서 이론과 교수(대체로 남성이다)가 걸작을 분석하고 피아니스트나 플루티스트(교수보다 어리고 여성인 경우가 많다)가 연주 시범을 보이는 모습을 보았을 것이다. 내가 과거 시제로 말하는 짓은 고전음악 문화에서 이론과 실제의 이런 어긋난 관계를 바로잡으려는 노력이 일어나고 있기 때문이다. 고등 교육에서 수십 년 전에 비해 다른 음악 전통들을 훨씬 더 배려하게 되었으며, 고전음악 내에서도 학자와 연주자가 더욱 동등하게 참여하는 연주 관련 학술대회가 더 많이 열리고 있다. 작곡가와 연주자의 진지한 협업 역시 일반화되는 추세다. 물론 학술 지원 체제가 이런 협업을 반긴다는 이유도 있다.

이는 성평등 문제와 비슷하다. 꾸준하게 발전하고는 있지만 문제가 사라지지는 않는다. 학계 연구와 연주, 즉 명시적 지식과 암묵적 지식 사이에서 일어난 생산적 협업의 가장 성공적인 예는 50년 전쯤으로 거슬러 올라가는 '역사적 사실에 바탕을 둔 연주Historically Informed Performance, HIP'이다. 전후의 이 시기에 고전음악 연주 양식에 대한 합의가 형성되었다. 대략 헨델과 바흐에서 드뷔시와 쇤베르크까지 이어지는 주류로 불리는 핵심 레퍼토리가 있었고, 그 주류 내에서는 모든 음악이 대체로 비슷한 방식으로 연주되었다. 물론 개별 연주자의 스타일은 차이가 났지만, 용인되는 폭이 대단히 좁았다. 얼마나 좁았는지는 초창기 음반들과 비교해 들어보면 명백해진다. 20세기 전반부에 제작된 이 음반들은 서로 완전히 대조적이고 때론 빠르게 바뀌는 당대 연주 스타일을 담고 있다. 하지만 최근까지도 이런 음반을 듣는 사람은 거의 없었다.

내가 1945년 이후 음악이 대체로 비슷한 방식으로 연주되었다고 말하는 것은 이런 의미다. 우선 18세기 음악과 그 이전의 음악이 현대 악기(하프시코드가 아니라 피아노, 지금과 다른 그 시절 오보에가 아니라 현대 오보에)로 연주되었다. 그리고 역량이 뛰어난 음악가가 건반을 연주하며 지휘하는 작은 앙상블이 아니라 지휘자가 이끄는 대규모 오케스트라로 연주되었다. 그러므로 연주자들이 주고받는 음의 세기, 즉 앞서 말한 신호의 연결망이 달랐다. 예컨대 레가토를 과하게 사용하고 지나친 속도를 피하는 것 같은 엇비슷한 해석 방식이 지극히 다채로운 레퍼토리에 일률적으로 적용되었다. 음악은 이래야 한다고 생각했던 것이다.

대략 1700년 이전의 '초기' 음악을 되살리려는 운동으로 시작한 HIP는 모든 곡을 균질적으로 연주하는 주류에 대한 반발이기도 했다. 1971년에 시작된 '진짜 영국 에일 지키기 운동'과도 비슷했다. 지역 양조장을 사들인 다음 탄산을 주입한 맛없고 특색 없는 맥주를 파는 대규모 양조회사들에 반기를 들고 일어난 이 운동은 전통 수제 맥주의 다양성과 개성을 되살리는 것이 목표였다. 에일 운동처럼 HIP도 성공했다. 남아 있는 자료를 토대로 옛 시대 악기들을

복원했다. 그러나 당대 연주 테크닉과 해석의 일반 원칙을
복원하기란 더 까다로웠다. 19~20세기에 손질하고
표준화해 내놓은 판본 말고 원래의 악보대로 연주하더라도,
그리고 표기되지 않는 장식음 문제를 제쳐두더라도,
악보에는 톤, 음의 세기, 아티큘레이션(음들이 부드럽게
이어지는지 또박또박 끊어지는지)의 구체적인 정보가
없다. 그러니 가장 중요한 참고 자료는 아마추어 하프시코드
연주자, 바이올리니스트, 플루티스트, 가수 등에게 정보를
주려고 쓴 옛 논문이었다.

여기에도 문제가 있다. 악보에서 8분음표들이 내리
이어지면 재즈 연주자들이 말하는 '스윙'을 해야 한다고
치자. 더 긴 음과 짧은 음을 교대로 내는 것 말이다. 그런데
얼마나 길고 짧게 연주해야 할까? 이 원칙을 모든 장르,
모든 악기, 모든 나라, 모든 시기에 일관되게 적용해야 할까?
한 논문에서 특정한 관행에 대해 강력하게 주의를 준다면
그 사실이 말하는 바는 두 가지다. 첫째, 사람들이 그렇게
연주했다. 둘째, 저자가 그것을 싫어했다. 그렇다면 어느
쪽을 따를까? 가장 난감한 문제는 이것이다. 역사적 연주를
재현하려는 음악가가 알고 싶어 하는 사항이 악보에도
제대로 안 담기는 마당에 말로 쓴 것은 더하다는 것이다.
예컨대 연주할 때 루바토를 얼마나 많이 집어넣을지
(그러니까 일관된 박을 얼마만큼 휘게 만들지) 알고 싶다고
하자. 고음악 음반 연구를 개척한 음악학자 로버트 필립은
연주자에게 "황급히 달아나는 감정 사이에서 평정심을 지킬
것과 템포를 엄수할 것"을 조언하는 1823년 논문을
인용하고 나서 이렇게 말한다.

18세기부터 20세기 말에 이르는 음악가들이
이 신중하게 적은 조언에 고개를 끄덕이면서도 저자가
실제로 생각하는 템포가 어떤 건지 짐작도 못 하는
모습이 머릿속에 그려진다.

후대 음악가들은 같은 글을 읽으며 다른 연주를 상상한다.
요컨대 말은 연주에 필요한 정도의 정밀함—음악판 나노
공학이라 할—을 담아낼 수 없다.

문제를 해결하려면 다른 종류의 지식들을 합치는 수밖에
없다. 옛 문헌에 익숙한 음악 역사학자가 악기 제작자와
협력하면, 연주자가 그 결과를 검증하여 핵심적인 기여를
했다. 즉 피드백의 선순환이 형성되었다. 테크닉과 해석의
경우도 마찬가지다. 역사학자가 짜증나리만치 모호한
말에 매달려가며 논문의 뜻을 해석하면, 이제 연주자는
그것을 실제로 해보며 무엇이 되고 무엇이 안 되는지
알아본다. 논문에 적힌 것을 전문 연주자가 실행해본 뒤에야
역사학자가 그 뜻을 이해하는 경우도 많다. 연주자의
기여가 역사학자의 일에 꼭 필요하고, 반대도 마찬가지다.
명시적 지식과 암묵적 지식이 함께하는 것이다.

가끔은 한 명이서 이렇게 판이하게 다른 전문적인
일들을 모두 해내기도 하지만, 그보다는 협업인 경우가 더
많다. 오늘날에도 고증에 치중하는 고음악 앙상블에서는
음악학 '자문'이 중요한 역할을 맡고 있으며, 이런 식으로
고음악 연주가 꾸준히 발전했다. 1950~60년대에
마음은 진지하지만 결과물은 그냥 그런 음반들이 나온 뒤
1970년경에 데이비드 먼로가 고음악에 멋진 영광을

선사했다. 먼로는 대학에 들어가기 전에 남미를 여행하며
그 지역의 민속 악기들을 가져와 중세 시대까지 거슬러가는
음악 연주에 활용했다. 아울러 라켓rackett, 크룸호른crumhorn
같은 고악기들을 되살리는 일에도 힘썼다. 1967년에 그는
'얼리 뮤직 콘소트'라는 단체를 결성했다. 전형적인 록
그룹 정도 규모의 앙상블이며, 실제로 록 그룹처럼 여기저기
공연을 다니며 여러 음반을 녹음했다. 1976년 이른 나이에
세상을 떠날 때까지 먼로는 누구보다 열심히 청중에게
고음악에 대한 관심을 불러일으켜 에일 지키기 운동과 같은
성과를 냈다.

이후 수십 년간 HIP로 인해 18세기 음악이 기존 주류
연주의 육중한 스타일보다 더 밝고 가볍고 미사여구도
다채롭다는 인식이 생겨났다. 세련미와 전문성이 더해지자
특히 유럽을 중심으로 많은 음악원에서 HIP 훈련을 받은
전문 연주자들이 나왔고, 이들이 이런 인식을 강화했다.
20세기 말에 이르면 HIP는 더 넓고 다원적인 주류 음악의
한 축이 되었다. 오케스트라 연주에서 HIP와 주류의
교류가 활발해졌다. HIP에서 배운 바가 현대 악기를
사용하는 연주에 적용되는가 하면, HIP의 방식이 고전주의
빈 작곡가(하이든, 모차르트, 베토벤)의 핵심 레퍼토리를
품에 안는 것을 넘어 19세기와 20세기 초로 발을 넓혔다.
건반악기에서도 비슷한 상황이 벌어졌다. 강철 프레임의
우렁찬 19세기 피아노가 아니라 소리가 훨씬 가벼운
포르테피아노나 초기 피아노를 연주하는 일군의 연주자들이
이런 레퍼토리에 도전하여 현대 피아노 연주와 어깨를
나란히 하고 있다. 이런 식으로 HIP는 낡은 악보에서
새롭고, 잘하면 아주 매력적인 음악을 끌어냈다.

그렇다고 이 일이 수월하게 이루어진 것은 아니다. 이른바 '진정성' 논쟁이 1980년대 내내 일었다. 학자, HIP 연주자, 청자 모두 편이 갈렸다. 전통적 입장, 즉 주류의 입장은 명확히 정리된 바는 없지만 요약하면 이렇다. 악기 성능과 연주 교육이 지속적으로 발달하면서 수준이 엄청나게 높아졌으므로 모든 음악 연주는 이러한 발전의 혜택을 누려야 마땅하다. 한편 진정성을 옹호하는 측은 음악을 작곡가가 의도한 대로 연주해야 한다며 목소리 높여 주장했다. 당연하게 들리지만 사실은 당연하지 않다. 작곡가가 무엇을 의도했는지는 그가 악보에 써놓은 것을 살펴보는 것 외에 우리가 알 도리가 없다. 결국 악보는 연주자가 알고 싶어 하는 모든 사항을 담지 못한다는 문제로 돌아갈 뿐이다.

더 근본적인 문제도 있다. 우리는 반드시 작곡가가 의도한 대로 음악을 연주해야 할까? HIP의 주장 뒤에 깔린 전제는 이것이다. '음악 연주에는 옳은 방법과 틀린 방법 두 가지가 있다, 옳은 방법은 역사적인 방법이다.' 이런 전제를 당연하게 받아들이는 다른 공연 예술은 내가 알기론 없다. 가령 셰익스피어 희곡이 1600년에 상연된 방식을 재구성할 수는 있겠지만, 그것은 선택일 뿐이다. 많은 연출가들은 희곡들을 (뉴욕 펜트하우스로 배경을 옮기거나 성역할을 바꾸는 식으로) 새롭게 무대에 올려 오늘날 청중에게 와닿도록 만드는 것이 자신의 일이라고, 그것이 창조적 자유라고 여긴다. HIP의 유감스러운 결과는 역사라는 사고방식에 갇혀 그러한 가능성을 차단했다는 것이다. 이 문제는 3장에서 다시 살펴보겠다.

결국에는 역사적 정확성으로 진정성을 가린다는 개념

자체가 말이 안 된다고 주장한 대니얼 리치 윌킨슨과 리처드 터루스킨 덕분에 진정성 논쟁이 마무리되었다. 그들은 '역사적' 연주가 실제로는 스트라빈스키의 악곡에서 보이는 날렵한 질감이나 속도감 같은 20세기 모더니즘의 여러 특징을 구현하고 있다고 말한다. 그러니 HIP에 진정성을 부여한 것은 그것이 구현한 20세기 감성이지, 올바른지 증명할 수도 없는 역사적 정확성 주장이 아니다. 한편 시대 양식을 확정할 수 없다는 현실은 연주자들에게 새로운 해석의 자유를 선사했다. 결과적으로 보면, 고음악 연주의 이론가들이 주장한 역사석 진징성이리는 입증하기 어려운 주장은 창조적인 연주 방식을 새로이 등장시키는 연막煙幕 역할을 했다. HIP가 레퍼토리를 넓혀가다가 20세기 초에서 멈춘 사실이 의미심장하다. 바로 이 무렵에 작곡가가 직접 연주한 녹음이 등장하면서 연막을 걷어내고 역사적으로 올바른 연주라는 목표가 실현될 수 있었던 것이다. 하긴 작곡가의 녹음이 있는 시대에 HIP의 수사는 연주자들을 붕어빵 밴드나 모창 가수로 전락시킬 뿐이다.

　　HIP의 결정적인 유산은 한 가지 방식으로 모든 음악을 연주할 수 있다는 20세기 중반 주류의 근본 전제를 몰아냈다는 것이다. 레퍼토리마다 다른 악기, 다른 테크닉, 다른 해석 스타일이 요구된다는 것을 인정한 것만이 아니다. 연주자들은 언제 무엇을 연주할지 선택할 수 있고, 선택에 따르는 책임도 떠안게 되었다. 자유롭고도 마땅하게 자신의 방식을 돌아보고 질문하고, 전문 연주자로서 가진 지식으로 음악 이해의 폭을 넓힌다. 그리하여 연주자들은 음악의 공동 창조자가 된다. 이는 대부분의 다른 음악 문화에서는

당연하게 여겨지는 개념이지만, 고전음악 작곡가와 연주자를
상하 관계로 보는 체제에는 존재하지 않는 것이다.

정치적 행위로서의 음악

사물은 '저 바깥' 현실세계에 존재하며 언어가 하는 일은
사물을 나타내는 것이다. 말을 그린 그림이 진짜 말을
묘사하듯이, 언어 또한 사물을 묘사한다. 1930년대에 철학자
루트비히 비트겐슈타인은 이를 가리켜 언어의 '그림'
이론이라고 명명했다. 언어에만 한정되지 않으므로 의미의
그림 이론이라고 부르기도 한다. 서양에서는 이러한 관점을
음악에도 적용해온 전통이 있다. 이렇게 보자면 베토벤
교향곡 7번 같은 음악작품은 '저 바깥'에 이상적이고
영구적인 실체로서 존재한다. 콘서트홀이 불타더라도 작품은
사라지지 않는다. 연주는 이런 이상적인 실체를 실시간으로
나타내거나 재현한다. 3장에서 나는 사람들이 어떻게 이런
식으로 생각하게 되었는지 살펴볼 것이다. 여기서는 연주를
더 생산적으로 이해하는 법을 알아보고자 한다.

　　비트겐슈타인은 의미의 그림 이론을 옹호하려고 말한
것이 아니었다. 오히려 이를 일종의 허수아비로 내세우면서
상당히 다른 의미(언어)의 모델을 제시하고자 했고 이
대목에서 음악에 대해 이야기했다. 그에 따르면 어떤 말은
이런 식으로 이해할 수 있겠지만('매트 위에 앉은 고양이'를
생각해보라) 음악 주제는 불가능하다. 음악 주제는 뭔가를
소리로 그린 그림이 아니다. 뭔가의 그림이 되기 위한 뭔가,
즉 외적 실체가 없다. 음악 주제는 그냥 그것이다. 별도의

다른 의미가 없다. 비트겐슈타인은 언어도 이렇게 이해할 수 있다고 주장한다.

명백한 예가 약속이다. 여러분이 뭔가를 약속할 때 (가령 결혼식 도중에 "네, 서약합니다"라고 말할 때) 상황을 기술하는 것이 아니다. 말이라는 행위를 통해 뭔가를 하는 것이다. 철학자 J. L. 오스틴의 용어로는 '수행적 발화 performative utterance'이다. 그저 사물을 반영하는 것이 아니라 의미를 구성하는 발화라는 뜻이다. 여기서 비슷한 시기에 세상에 나온 또다른 이론과 연결된다. 인류학자 에드워드 사피어와 벤저민 리 워프는 몇 가지 점에서 아메리카 원주민들의 언어를 영어로 만족스럽게 번역할 수 없다는 것을 알았다. 개념의 범주가 맞지 않았던 것이다. 시제, 능동태/수동태 같은 언어 범주가 영어와 확연히 달랐다. 몇몇 근본적인 면에서 아메리카 원주민들은 영어권 화자와 같은 식으로 세계를 경험하지 않았기 때문이다.

사피어와 워프가 내세운 가설은 언어가 사람들이 세계를 생각하고 경험하는 방식을 결정한다는 것이었다. 오스틴의 수행적 발화에서처럼 말은 그저 사물의 모습을 반영하는 데 그치지 않고 의미를 구성한다. 우리는 사물을 바꾸려고, 지금의 모습으로 만들려고 말을 사용한다. 이런 관점은 미술에도 적용할 수 있다. 철학자 조애나 호지에 따르면 미술은 "현실에 대한 우리의 감각을 구성하는" 새로운 방법을 마련해준다. 이런 식으로 보면 빈센트 반 고흐는 우리가 해바라기를 보는 새로운 방식을 형성했다. 우리가 해바라기를 그렇게 봐온 것이 아니라 반 고흐가 처음으로 그렇게 포착해 그린 것이다. 우리는

반 고흐 때문에 해바라기를 다르게 본다. 그러므로 회화의
의미는 외적 현실을 어떻게 재현하느냐가 아니라—혹은
그것만이 아니라—새로운 형식의 인식·이해·감정을 어떻게
구성하느냐에 달렸다. 이런 '구성주의' 예술관은 미적
가치를 바깥 세계가 아니라 청자의 경험에 둔다. 청자를 미적
과정의 핵심에 두는 것이다. 즉 예술을 민주화한다.

그렇다면 이런 사고는 음악에 어떻게 적용될까? 방법은
여러 가지다. 몇 가지 예를 들어보자. 로베르트 슈만이
1840년에 작곡하고 아델베르트 폰 샤미소가 작사한 연가곡
〈여인의 사랑과 생애〉는 한 여자가 남자를 처음 만나 사랑에
빠지고 결혼하고 남편의 죽음을 맞이하기까지의 이야기를
그린다. 이런 가곡들은 피아노 반주를 곁들여 주로 가정에서
연주되었다. 음악학자 루스 솔리는 젊은 여성이 "작고
친밀한 방에서 (…) 지인들과 어쩌면 구혼자가 될 수도 있는
사람 앞에서" 〈여인의 사랑과 생애〉를 노래하는 모습을
상상해보라고 한다. 그런 환경에서는 가수와 노래 속 주인공
사이의 구별이 흐려지며, 여성은 여자다움을, 특히 19세기
독일의 가부장적 사회 내에서 상정된 여자다움을 구현하게
된다. 미래의 남편이 그곳에 있다면 그녀의 연주는 약속의
성격을 띨 수도 있다. 수행적 발화가 되는 것이다. 약속이
그러하듯 그 연주는 뭔가를 기술하는 것이 아니라 행하는
것이다. 그리하여 연관된 사람들의 관계를 변화시킨다.

물론 이 사례에서는 가사도 수행적 역할을 하지만,
다른 성악곡의 예를 보면 수행적 의미가 음악에서 직접
나온다. 고음악에서 록 밴드 더 후의 백보컬까지 다채로운
노래 이력을 가진 가수 존 포터는 르네상스 작곡가 앙투안

브뤼멜의 〈미사 파스카의 희생을 찬미하라Missa Victimae Paschali〉에 나오는 한 대목을 서술하면서 각자 파트를 하나씩 맡아 노래하는 연주자들의 친밀한 협의와 결합을 본다. "시종일관 성부들은 서로를 강렬하게 의식하며 긴장과 이완의 패턴을 만든다. 서로의 욕망을 받아들이면서 동시에 각자 자신의 만족을 추구한다." 첫 마디 마지막에 나오는 특정한 불협화음은 "지나가는 순간일 뿐이지만 몹시도 즐거운 순간이어서 다들 길게 이어가기를 바랄 것 같다." 모차르트 4중주에서처럼 음악은 파트가 주고받는 소리의 관계로 이루어지며, 〈여인의 사랑과 생애〉에서 그렇듯 이 관계는 음악을 연주하는 육신의 존재와 뒤섞인다. 가사가 포터의 주장에 힘을 실어준다면, 여기에는 가사의 의미보다 가사의 소리가 더 크게 작용한다. 부활절 일요일을 찬양하는 내용이라는 것은 그리 중요하지 않다. 관계의 의미를 나타내는 이런 잠재력을 각본처럼 짜놓은 것은 브뤼멜이 쓴 악보이며, 잠재력을 현실로 바꾸는 것은 연주자들이다.

다른 예, 특히 대규모 합창단에서 함께 노래하는 일은 개인이 집단으로 녹아드는 경험을 창출한다. 중년의 한 스웨덴 여성은 열 살 때 있었던 일을 이렇게 설명한다.

우리는 학교 합창단이었고, 봄학기 마무리 행사를 위한 리허설을 했죠. (…) 거기 서서 내 파트를 부르는 동안 주위 다른 목소리들이 들려올 때의 희열은 지금도 못 잊어요. 그런 기쁨이라니, 전혀 상상도 못 해봤죠. 마치 내가 몸을 떠나 음악 속에 완전히 녹아든 것 같았습니다.

이와 같은 음악적 유체이탈의 경험은 드물지 않게 보고된다. 본인의 목소리를 의식하되 주위에서 소용돌이치는 소리의 덩어리에 묻혀 이를 구별하지 못하고 음악에 녹아드는 느낌은 공동체와 하나가 되는 경험이기도 하다. 소속감은 집단적 노래라는 행위에 내재된 강력한 효과로, 소리로 표출되며 더 큰 목적에 쉽게 활용된다.

시위 곡이나 국가國歌가 이에 딱 들어맞는 사례다. 남아프리카공화국 학생들이 국가인 〈아프리카를 축복하소서〉를 4성부 합창으로 부른다고 생각해보자(그림 3). 원래는 찬송가에서 선율을 가져온 것으로, 아파르트헤이트 정권하에서 저항으로써 이 노래를 불렀다. 1994년 정권이 종식되고 나서는 새로 건국된 남아프리카공화국과 전 세계 지지자들의 희망, 열망, 실망을 드러내는 음악이 되었다. 이런 상징적이고 연상적인 의미의 바탕에는 스웨덴의 열 살 소녀가 경험했던 것과 똑같은 연대의식이 있다. 블록

그림 3. 남아프리카공화국 국가를 노래하는 칸타레 청소년 합창단[하우텡주(州)].

구성과 규칙적인 프레이징으로 안정감을 주며 어떤 파트도
다른 파트를 지배하지 않아 상호 의존하는 느낌을 준다.
(하나의 곡조와 반주로만 이루어진 영국 국가, 개성적이고
불규칙적인 구성의 프랑스 국가와 비교해보라.) 아울러
화성이라는 유럽 전통과 돌아가며 함께 노래하는 아프리카
전통이 만난 덕분에 포용적인 특징을 얻었다. 개인과 집단의
정체성을 형성하는 음악의 능력 덕분에 〈아프리카를
축복하소서〉는 남아프리카공화국 대주교 데스몬드 투투가
명명한 "무지개 나라"를 건설하는 데 적극적으로 기여했다.
그와 같은 맥락에서 보면 노래하기는 정치직 헹위다.

　　노래하기만이 아니다. 이번에도 남아프리카공화국
사례다. 민족음악학자 루이즈 메인키스에 따르면 1990년대 초
요하네스버그의 스튜디오에는 아파르트헤이트의 흔적이
남은 관행이 있었다고 한다. 전문적인 노하우로 녹음 장비를
다루던 엔지니어들은 주로 백인이었는데, 그들은 불필요하게
복잡한 기술적 과정을 회피해 최대한 작업량을 늘리려 했다.
스튜디오 세션을 이끌고 명목상 최종 산물의 전반적인 책임을
지는 프로듀서 중에는 흑인이 많았다. 하지만 흑인이었기에
권한을 갖고 엔지니어에게 지시하기가 어려웠다. 한편
음반사는 "지역 흑인 음악의 스타일, 언어, 청중, 장소, 관습
등을" 속속들이 아는 프로듀서의 역량에 의존했다.
메인키스는 이렇게 충돌하는 관계가 스튜디오에서 작용하는
것을 넘어 거기서 만들어진 음반의 소리에도 흔적을
남겼다고 주장한다. 새로운 남아프리카공화국이 만들어지는
과정의 사회적 긴장과 협의를 나타내는 은유를 여기서
볼 수 있다. 다만 스튜디오는 그 이상의 것, 환유였다.

사회적·정치적 변혁이 일어났던 다른 곳과 마찬가지로 스튜디오는 남아프리카공화국의 축소판이었다. 그런 맥락에서 보면 스튜디오 관행 역시 정치적 행위가 된다.

같은 문제는 오케스트라 음악에서도 볼 수 있다. 현대 오케스트라는 산업화 과정과 맞물려 발전했고 산업화의 구조를 반영하며, 실제로 비슷한 관점으로 설명할 수 있다. 전문가(바이올리니스트, 오보이스트 등) 팀으로 구성되고 다들 미리 주어진 설계도(악보)에 따라 작업한다. 전문 영역 내에는 리더(리드 바이올리니스트), 제1바이올린, 제2 바이올린 하는 식의 확연한 서열과 관리 체계가 존재한다. 여기에는 18세기 오케스트라와 달리 전문 관리자 역할을 맡는 지휘자도 있다. 지휘자는 직접 소리를 내는 게 아니라 전체 작업을 조율하고 책임진다. 상당한 보수가 따르는 전문 직업이다. 요컨대 오케스트라가 구현하는 조직 체계는 현대 산업사회의 폭넓은 특징을 보인다. 실제로 경영학에서도 오케스트라 등 여러 음악 앙상블이 생산적으로 작동하는 방식을 연구한다.

나는 현대 오케스트라가 산업화 및 그에 따른 조직 체계와 맞물려 발전했다고 말했지, 오케스트라나 더 일반적으로 음악이 사회를 반영한다고 말하지는 않았다. 그것은 스튜디오에서 벌어진 관행을 남아프리카공화국의 은유로만 보는 것이다. 오케스트라도 똑같은 과정이 작동하는 사회의 일부라고 볼 수 있다. 그래야 사회 변화란 다른 곳에서 일어나고 음악에는 그저 반영될 뿐이라고 가정하는 것을 피할 수 있다. 생각해보자. 브리튼 신포니아처럼 지휘자 없는 소규모 오케스트라를 지향하는 움직임은 덜 계층적인 관리 체계로 나아가는 산업의 큰 흐름을 반영하는 것일까? 아니면 반대로, 실리를 좇는 상업적인 맥락보다 공연 예술에서 새로운 구조가 좀 더 쉽게 등장하여 다른 곳으로 확산되는 것일까? 우리가 오케스트라를, 더 일반적으로는 음악을 사회의 중요한 부분으로 생각한다면 변화는 어느 방향에서든 동등하게 올 수 있다. 음악이 사회를 그저 반영한다고 보는 관점에서는 그런 가능성이 닫혀버린다. 이 점이 중요하다. 왜냐하면 음악 너머로까지 효과가 미치는 일들이 벌어지는 장場으로 음악을 볼 수 있다는 뜻이기 때문이다.

남아프리카공화국 스튜디오에서 작동한 사회 구조가 음악에 새겨졌다는 메인키스의 주장과 관련하여 고전음악의 맥락에서도 여기에 들어맞는 사례가 있다. 오보에를 연주하는 사람이라면 모차르트와 베토벤이 관현악곡을 쓰는 방식에 결정적 차이가 있음을 알 것이다. 모차르트에서 오보에 선율은 그 자체로 의미가 있으며 연주하는 즐거움을 준다. 모차르트 교향곡은 기본적으로 실내악곡의 몸집을 키운 것이다. 청중만큼이나 연주자를 위한 음악이기도 하다. 이와 달리 베토벤은 청자의 관점에서 관현악곡을 구상한다. 오보이스트라면 오케스트라 소리를 이루는 하나의 층에 있다가 다른 층으로 넘어가는 상황을 자주 맞닥뜨릴 것이다. 선율 자체로는 별 의미가 없으며 연주의 즐거움도 크지 않다. 합쳐진 소리를 청중석에서 들었을 때 비로소 근사하게 들린다. 오보이스트는 음악을 나누는 공동체에 속한다기보다는 음악 생산라인에서 제 몫을 담당하는 작업자에 가깝다. 사회적 상황이 다른 것이다. 그리고 음악적으로 기술한 이 내용은 사회적으로도 동등하게 기술할 수 있다. 소리와 사회는 같은 동전의 양면이다. 음악은 사회를 반영하지 않는다. 음악은 그 자체로 사회다. 소리로 들리도록 만든 사회.

문화마다 세계를 경험하는 방식을 언어가 다르게 결정한다는 사피어-워프 가설을 오늘날 강력하게 신봉하는 인류학자는 거의 없다. 그보다는 언어가 문화적 경험을 결정하는 여러 조건 가운데 하나라고 믿는다. 마찬가지로 나도 음악 연주가 뭔가의 재현이라기보다 오로지 사회적·정치적 행위로서만 이해되어야 한다고 주장하지 않는다. 〈아프리카를 축복하소서〉를 부르는 것은 그저 정치적이기만 한 행위가 아니다. 코사의 성직자 에노크 손통가가 1897년에 원래 찬송가로 작곡했고, 아프리카에서 탈식민화가 일어나던 시기에 해방의 노래로 불렸고, 잠비아의 국가에 이어 나미비아의 국가로 채택되었고, 1994년에 남아프리카공화국의 공식적인 두 개의 국가 중 하나가 된 노래를 연주하는 것이기도 하다. (다른 한 곡은 원래 있던 국가 〈남아프리카공화국의 외침〉으로, 1997년 두 곡이 하나로 합쳐지면서 곡조는 〈아프리카를 축복하소서〉에서 가져왔다.) 역으로 볼 수도 있다. 브람스의 간주곡 작품번호 119의 1번을 연주하는 것은 그가 말년에 이르러 노스탤지어와 미래에 대한 기대가 뒤섞인 내향적인 양식으로 물러났을 때 작곡한 곡을 연주하는 것이다. 또한 여러분은 음악원에 입학한 첫해에 얼마나 많은 것을 배웠는지 이모에게 보여주고 이모가 등록금을 내준 데 감사를 표하려고 이 곡을 연주할 수도 있다. 즉 음악 연주는 재현이기도 하고 수행이기도 하다.

2장

음악으로 생각하기

13세기 페르시아 시인이자 신비주의자 루미는 이런 말을 했다. "사랑은 오로지 사랑으로 설명될 수 있다. 이성理性은 사랑을 해석하는 데 전혀 쓸모가 없다." 음악도 마찬가지다. 여러 사람이 음악에 대해 글을 쓰는 것은 건축물을 춤으로 묘사하는 것과 다름없다고 말했다. 엘비스 코스텔로도 그렇게 말하고 나서 이렇게 한마디를 보탰다. "그건 참으로 멍청한 짓이다." 음악을 말로 표현하려는 시도를 민족음악학자 찰스 시거(유명한 포크 가수 피트 시거의 아버지)는 "음악학적 접합점musicological juncture"이라고 불렀다. 우리는 좋아하는 것에 대해 생각하고 느끼는 바를 사람들과 나누고 싶어 하기에 음악에 대해서도 말하고 싶어 하지만, 그러는 순간 말은 손가락 사이로 흘러내리고 만다. 물론 그렇다고 음악을 말로 표현하는 것을 그만두지는 않는다.

인간에게는 말로 담을 수 없는 것을 말로 담아보려는 끈질긴 충동이 있지만, 음악은 그런 문제만이 아니다. 음악 문화 자체에 뿌리내리고 있고 워낙에 친숙해서 우리가 당연하게 여기는 것도 있다. 대체로 우리는 음악을

이해하려고 애쓰지 않는다. 그냥 듣는다. 사랑이 그냥
찾아와 우리를 흥분시키고 황홀하게 만드는 것처럼, 음악도
그저 자연스러운 현상 같다. 하지만 당연하게도 음악은
자연스럽지 않다. 우리 인간이 만드는 것으로, 음악은 문화적
산물이며 음악하기는 문화적 활동이다. 인위적인 것임에도
음악은 자연처럼 행세한다. 민족음악학자 헨리 킹즈버리는
이렇게 말했다. "문화적 체계로서 음악의 본질은 자연계
현상이 아니면서 마치 자연계 현상처럼 경험된다는 것이다."

　　　우리는 여기서, 지금 이 순간 음악을 만들고 소비하지만
그게 다가 아니다. 내가 음악을 문화적 산물이자 실천이라고
말할 때 그것은 음악을 말하기와 행하기라는 사회적 틀 내에
둔다는 뜻이며, 이런 틀은 과거가 있고 미래로 이어진다.
그러므로 음악은 우리가 소리를 서로 주고받고 소리에 대해
이야기하는 능력에 기댄다. 하지만 소리 자체는 그것이
불러일으키는 느낌과 마찬가지로 찰나적이고 미묘하여
포착하거나 붙들고 있기가 어렵다. 기억에 잡히지 않아 마치
꿈에서 깨었을 때처럼 흐릿한 인상을 줄 때가 많다. 소리를
문화로 바꾸려면 어떻게든 심상으로 고정해야 한다. 손에
잡히고 반복되고 소통 가능한 것으로 만들어야 한다. 우리는
소리를 만들고 듣는 대상으로 바꿈으로써 그렇게 한다.

　　　음악만 그런 것이 아니다. 와인이나 향수도 똑같이 말할
수 있다. 와인을 어떻게 설명할까? 와인 카탈로그에서
아무거나 골라 읽어보자. 블랙북 와이너리에서 생산한
영국산 와인은 "향신료, 허브, 시트러스, 풀 냄새가 코에서
터지면서 복잡한 질감의 미각을 선사한다." 와인이 낼 수
있는 복잡한 질감이란 어떤 것일까? 어떻게 해서 향신료,

허브, 시트러스, 풀 냄새를 낸다는 것일까? 제조자들이
이런 것을 섞었을까? 당연히 아니다! 풀을 언급한 것은
은유다. 설명할 수 없는 와인의 어떤 특질이 풀과 닮았다고
말하는 것이다. 와인 제조자, 비평가, 카탈로그 등에 따르면
와인에는 "섬세하고 부드러운 타닌"도 있다는데, 이것은
은유가 아니라 과학적인 용어다. 위키백과에 따르면 타닌은
"떫은맛을 내는 폴리페놀 생체분자의 한 부류"다. 이렇게
은유적 언어와 과학적 언어가 합쳐져서 사람들이 와인에
대해 의미 있게 의견을 주고받는 것이 가능한 담론의 장이
마련된다. 사람들은 와인에 대해 말하기를 즐긴다.
애호가들이 와인 이야기를 많이 할수록 와인에 대한 사랑도
더 깊어진다는 경험적 증거가 있다.

　　　향수도 마찬가지다. 에르메스에서 향수를 만드는
장클로드 엘레나는 조향사 훈련을 받을 때 비누, 알데히드,
재스민, 매니큐어, 장미, 가죽, 나무, 사탕 같은 어휘로
"향을 서술하는" 법을 배운다고 설명한다. 진짜로 "향을 내는
대상을 가리키는" 어휘는 아니고, "냄새의 심상"을 만드는
은유적 대상이다. 전문가들은 이런 어휘를 사용해 어떤
냄새를 어떻게 섞어 우리가 향수라고 부르는 문화적 산물을
만들지 상상하고 의견을 나눈다. 그저 냄새에 대해 생각하는
것만이 아니라 냄새로 생각하는 것이다. 비록 냄새는 이내
사라지지만 이런 공통의 언어 덕분에 제조자들의 공동체와
제조 문화가 생겨난다. 앞서 말했듯이 과거가 있고 미래로
이어지는 문화다. 향수는 문화적 산물로서 역사를 갖는다.

　　　마찬가지로 음악은 소리의 문화이며, 은유를 통해
소리는 음악하기라는 문화적 활동과 음악이라는 문화적

산물이 된다. 어떤 식이든 은유를 통하지 않고서는 음악에 대해 말하는 것이 거의 불가능하다. 여러분은 한 음에서 다른 음으로 이어지는 움직임(예컨대 단6도로 올라가는 음정)이 와인의 타닌처럼 저 바깥에 실제로 존재하는 것이라고 생각할지도 모르겠다. 하지만 다시 생각해보면 그렇게 명확하지 않다. 철학자 로저 스크루턴은 이렇게 물었다. "아무것도 움직이지 않는데 어떻게 움직임을 이야기할까?" 우리는 어떤 음이 다른 음보다 더 높다는 말도 하지만, 높은 음은 하늘에서 나오고 낮은 음은 땅에서 나오는 것 같지는 않다. 더 가볍거나 밝게 들리기는 힌디. 그래서 낮은 음들 위로 떠다닌다고 상상할 수도 있겠지만, 실은 악보에서 더 위쪽에 있는 것뿐이다.

　이 모든 것은 은유의 영역이며 그렇기에 때와 장소에 따라 달라진다. 어떤 문화에서는 음이 더 높다고 말하지 않는다. 더 크다고 말한다. 게다가 질감의 문제도 있다. 이는 와인이 갖고 있다는 복합적인 질감의 풍미와 비슷하다. 우리는 음악작품이 특정한 질감을 지녔다고 서슴없이 말한다. 대체 그건 무슨 뜻일까? 나무껍질, 이끼, 벨벳, 삼베자루 같은 거라면 몰라도 음악은 만질 수도 없는데 어떻게 질감이 있다는 걸까? "복합적인 질감의 풍미"란 입안에서 느껴지는 느낌을 은유적으로 말하는 것이다. 그렇다면 음악적 질감이란 귀에서 느껴지는 느낌일까? 그건 어떤 것일까? 그리고 음악에서 개별 곡을 가리키는 '작품piece'(조각)이라는 표현도 이상하다. 마치 천이나 덩어리 같은 걸 자르는 듯 들린다. 뭘 자른 덩어리지?

　이런 질문에 대한 답은 저 바깥에 존재하지 않는다.

와인과 향수를 제조하는 문화와 마찬가지로 음악 문화에도
구성원들이 공유하는 확실한 은유의 체계(느슨한 의미로
언어)가 있다. 이것이 음악에 대해 쓰고 말하고 생각하기
위한 조건이며, 더 나아가 음악이 문화적 활동과 산물로서
존재하기 위한 조건이다. 이 장에서는 음악의 이런 차원을
살펴보면서 악보를 중점적으로 다룰 것이다. 악보는
서양 음악이라고 칭하는 전통 내에서 가장 명백하고 여러
면에서 문화적으로 중요한 은유적 매개물이다. 사실 많은
음악 문화가 악보를 사용하지 않으며 우리와 대단히 다르게
사용하는 문화도 있다. 그래도 모든 음악 문화는 어떤
형태로든 소리를 만들고 듣는 대상으로 구성하는 것에
기반을 둔다. 물리적 대상으로든, 언어적 서사로든, 신체적
활동으로든. 그러므로 내가 말하는 전반적인 논점은
훨씬 더 넓다고 할 수 있다.

로널드 설의 만화는 음악 소리가 기억에만 남는 것이
아니라 물리적 흔적을 남기는 세상을 묘사한다(그림 4).
당연히 음악은 흔적 같은 건 남기지 않는다. 하지만 어떤
의미에서는 남긴다. 우리는 녹음이나 악보를 플래시메모리나
물리적 형태로 저장해두며, 그런 형태로 세상이 지속되는 한
이어질 수 있다. 이 역시 소리처럼, 음악이 존재하는 양태다.
나는 음반 매장(얼마나 더 버틸지는 모르지만)에 가서
음악(바이닐이나 CD)을 구입할 수 있다. 혹은 아이튠즈
스토어에서 음악을 다운로드받을 수 있다. 고전음악이라면
악보를 살 수 있다. 그런 다음 어떤 곡을 들으며 "이 음악이
정말 좋아" 하고 말한다면, 그것은 음악에 대한 내 경험을
말하는 것이다. 이런 것들은 동일하지 않지만 모두 음악이

그림 4. "지긋지긋한 음악 수업 같으니……"
로널드 설의 만화.

취할 수 있는 형태이며, 다 합치면 그것이 바로 음악이다.
음악에 대해 쓰고 말하고 생각할 때 우리는 이 가운데 하나를
특별히 염두에 두겠지만, 모든 것이 다 연결되어 있으므로
어느 하나가 다른 것들을 대신할 수 있다.

그러므로 악보는 소리를 대신한다. 악보의 기능은
시간을 공간으로 바꾸는 것이다. 1장에서 말한 역동적인
시간, 상황적인 시간, 사회적으로 구성되는 시간을 종이
위에 펼쳐둔다. 스트라빈스키는 언젠가 자신이 쓰고 있는
음악의 악보를 벽에 일렬로 붙여두어 말 그대로 왔다
갔다 하며 살펴보았다고 한다. 우리도 악보를 넘겨가며 앞에
나온 악절을 뒤의 것과 비교할 때 비슷한 일을 한다. 서양
기보 체계의 기본 원칙은 시간의 경과를 악보 왼쪽에서
오른쪽으로 이어지는 일련의 기호로 나타낸다는 것이다.
오선지에서 음들은 높이에 따라 정렬된다. 그러므로 악보는
시간이라는 수평축과 음높이라는 수직축을 갖는 이차원으로
진행한다. 그 외에 모든 것은 관습적인 기호들이다.
그리고 악보는 계속 남으므로 기보는 보존의 수단이다.
개인이나 사회의 기억 오류로부터 음악을 지켜낸다. 악보가
소통을 가능하게 한다는 점도 중요하다. 우리는 악보를
들여다보면서 곡에 대해 이런저런 식으로 논의할 수 있다.
내가 특정한 악절을 가리키며 어떤 주장을 하면, 여러분은
내가 하는 주장에 들어맞지 않는 다른 악절을 가리키며
반박한다.

그러나 이런 보존과 소통의 기능에는 치러야 하는
대가가 있다. 아르헨티나 작가 호르헤 루이스 보르헤스가 쓴
한 문단짜리 소설에 보면 최고로 정확한 지도를 얻기 위해

실제와 똑같은 1 : 1 비율로 지도를 제작하여 제국의 영토를
뒤덮게 된 가상의 제국 이야기가 나온다. 결국 지도는
누더기 조각이 된 채로 지금까지 서쪽 사막에 나뒹군다. 물론
그것은 어불성설이고, 악보에 음악 소리의 세부 요소를
전부 담겠다고 하는 것도 똑같이 터무니없다. 기보는 대단히
선택적으로 작동한다. 사용하려는 의도에 꼭 필요한 정보만
남기고 최대한 많이 덜어내는 것이 필요하다. 그러므로
무엇을 남기고 무엇을 덜어낼지는 악보가 사용되는 목적과
사용자가 가동하는 지식에 달려 있다. 이것은 문화마다,
그리고 문화 내에서도 크게 다르다.

    예를 들어 지금으로부터 천 년 전에 유럽에서 처음
사용된 '네우마' 기보법은 교회 성가를 노래하는 수도승들의
불완전한 기억을 보완하고자 적은 메모였다. 교회 의식을
엄격하게 준수하고자 한 교황청의 개혁 분위기 속에서
탄생했다. 사실상 성가는 말에 표현력을 강화한 것이다.
각각의 네우마는 보컬의 몸짓을 나타내며 하나의 네우마는
한 음절이나 가끔 여러 음절에 대응한다(그림 5).
그에 비해 17세기 무렵에 현대적인 형태로 발달한 오선보는
훨씬 더 명확한 정보를 전달한다. 그림 6은 성가의
음높이를 재구성하여 그림 5를 다시 적은 것이다. 관습적인
오선보처럼 음표 머리는 갖고 있지만, 리듬은 명기하지
않는다. 그림 5의 네우마에 리듬이 없기 때문이다. 특정한
음표나 음정도 없다. 네우마는 그저 올라가거나 내려가는
움직임을 표기할 뿐이다. 그러니 네우마는 기억을 돕는
메모로는 효과적이어도, 이것을 처음 보고 노래로 부를 수는
없다. 부르려고 해봐야 저마다 다른 노래가 될 뿐이다.

50

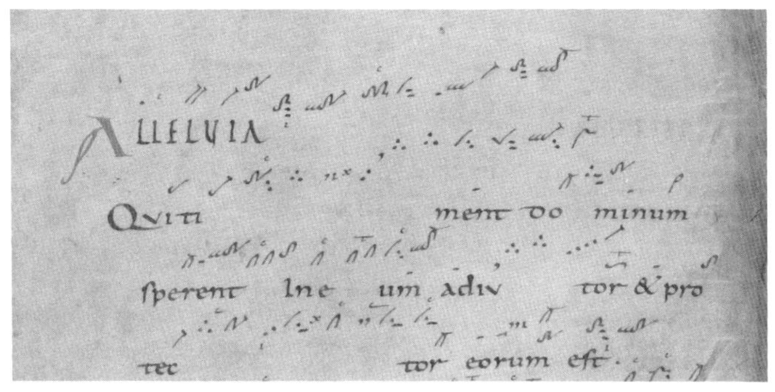

그림 5. 장크트갈렌의 성가집(장크트갈렌 수도원 도서관, Cod. 359), p. 150
맨 위. 양피지에 적힌 이 사본은 922년에서 926년 사이의 것이며 미사의
독주 성가 부분이다. 가사 위에 음절에 맞춰 적은 것이 네우마다.

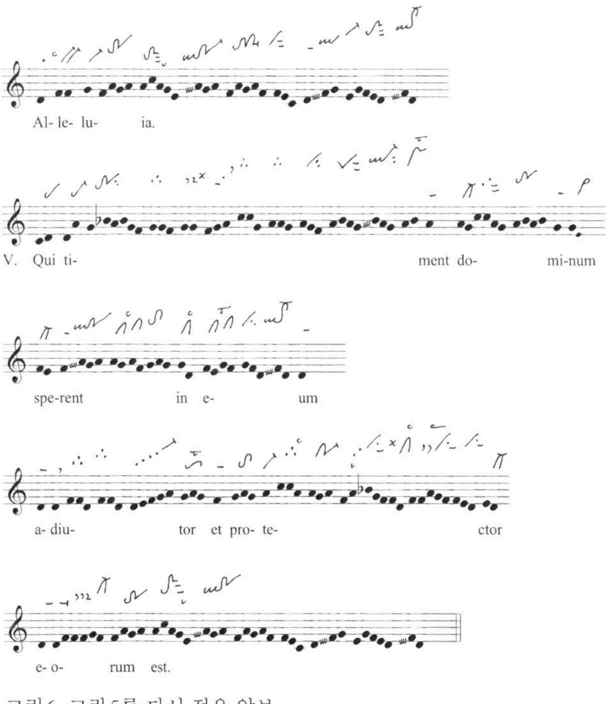

그림 6. 그림 5를 다시 적은 악보.

연주자가 전에 본 적 없는 음악을 초견으로 연주할 수
있으려면 오선보에 세부사항이 추가되어야 했고, 그리하여
전과 상당히 다른 방식의 기보법이 생겨났다. 18세기 초에
예수회 선교사들이 청나라 황실에 서양 음악을 소개했을 때
강희제가 가장 감동한 것은 초견 연주 능력이었다.

하지만 조건이 있다. 뭐든지 초견이 가능한 것은 아니다.
연주자가 받쳐줘야 한다. 악보는 연주자가 알거나 추측하리라
예상되는 정보는 빠뜨린다. 악보가 연주되는 모든 음을
나타내더라도(그리고 1장에서 설명했듯이 항상 그렇지는
않다) '연주 관행'이라는 이름으로 묶이는 사실상 모든 것이
우리가 알거나 추측해야 하는 사항에 포함된다. 음악의
템포를 어떻게 할지, 언제 얼마만큼 속도를 줄이고 높일지,
음들을 어떻게 이을지, 셈여림을 어떻게 잡을지 등등
매 순간 연주자가 내리는 수많은 결정이 악보에는 기록되지
않는다. 이런 것들 하나하나는 음악 경험에 큰 영향을
미친다. 똑같은 악보로도 어떤 연주는 몹시 감동을 주고,
어떤 연주는 지루하거나 터무니없거나 난감하게 들린다.
연주 스타일의 관습은 때와 장소, 장르에 따라 크게
달라진다.

그중에는 선택지가 있다는 인식도 없이 당연하게
받아들이는 것도 있다. 노래하는 방식도 그에 해당한다.
19세기에 중국을 여행하던 유럽인들은 중국인들이 부르는
노래를 고양이가 울부짖는 소리라며 조롱했고, 음악으로
받아들이기를 거부하기도 했다. 다른 문화까지 갈 것도 없다.
1902년 가이스버그 형제(초창기 음반 산업의 개척자
윌과 프레드)는 교황 레오 13세의 목소리를 녹음하려고

로마로 갔다. 당시 90대였던 교황이 거절하자 그들이 대신
선택한 것은 시스티나 성당 합창단을 이끌었고 오늘날
마지막 카스트라토로 알려진 알레산드로 모레스키였다.
이탈리아에는 목소리가 빼어난 남자아이를 거세해
남성 소프라노로 만들어 오페라와 합창단에서 주역을 맡기는
전통이 있었다. 이 관행은 점차 야만적으로 여겨져
1861년에 금지되었다. 거세는 보통 여덟 살 무렵에 했는데
1858년생인 모레스키는 규제의 그물망을 빠져나갈 수
있었다. 그리하여 모레스키는 음반으로 목소리를 남긴
유일한 카스트라토가 되었다.

그렇다면 초창기 녹음의 지직거리는 잡음 너머로 무엇이
들릴까? 가장 먼저 귀에 들어오는 것은 찌르는 듯하고
고통스러우리만치 날선 소리다. 승화된 원초적 비명처럼
들린다. 아마도 그가 카스트라토여서 그렇겠지만(비교할
만한 다른 카스트라토의 녹음이 없어서 단정할 수는 없다)
그것만은 아니다. 그가 음을 제대로 내지 못하는 것처럼
들리는 대목이 있는데 실은 일종의 꾸밈음이다. 모레스키는
노래할 음보다 한 옥타브 이상 낮은 데서 시작해 재빨리
끌어올리는 식으로 부르며 이를 당시 이탈리아 오페라
테너들이 구사하던 양식화된 흐느낌과 결합한다. 요즘은
이렇게 부르는 사람이 없다. 이 음반이 없었다면 예전
가수들이 이랬다는 것을 우리는 몰랐을 것이다. 여기서
흥미로운 점은 평론가들이 이런 결론을 거부하려 했다는
사실이다. 이런저런 핑계를 대며 귀에 들리는 증거를
물리치려 했다. 테크놀로지가 발달하지 못했다는 둥(하지만
가이스버그 형제는 1902년에 카루소도 녹음했고 그 소리는

훌륭했다), 모레스키가 긴장했다는 둥(그는 1902년에
녹음을 여럿 했고, 1904년에는 더 많이 했는데, 오로지 첫
녹음에서만 확연한 긴장의 흔적이 드러난다), 나이가
너무 많았다는 둥(사십 대였다), 그는 뛰어난 가수가
아니었다는 둥(그의 별명은 '로마의 천사'로, 시스티나
합창단은 아무나 하는 것이 아니었다).

54 사람들은 어째서 모레스키 등 초창기 녹음들이 내보이는
증거에 거부감을 느낄까? 추측건대 그들은 고전음악의 기초
자료인 악보에 음악의 많은 것이 담기지 않으며 그렇기에
녹음 기술이 발명되기 선에 음악의 소리가 어땠는지 우리가
실제로 아는 바가 별로 없다는 사실을 믿기 싫었던 모양이다.
1902년에 누군가가 그토록 상상을 초월하는 방식으로
노래했다면, 1802년에는, 1702년에는 어땠겠는가? 고음악
이론가들의 확신에 찬 주장은 어떻게 되겠는가?
1900년경까지 음악의 역사에는 악기와 악보, 논문, 사람들의
설명은 있지만 소리로서의 음악은 빠져 있다는 의미심장한
주장이 있다. 소리로서의 음악은 우리가 그저 추측할 뿐이다.
당연히 전문적인 지식이 뒷받침된 추측이지만, 그래도
추측이다.

악보는 결국 음표만 담을 뿐, 우리가 그 음을 이해하기
위해 갖춰야 하는 지식과 경험을 포함해 거의 모든 사항을
빠뜨린다. 음악을 영원 속에 새기는 기술에는 녹음도 있는데
이는 꽤 다른 그림을 제시한다. 물론 마이크나 카메라를
어디 두느냐에 따라 다른 결과가 얻어지고, 스튜디오 녹음은
다른 종류의 선택 과정을 거친다(이 문제는 나중에 더
살펴보겠다). 하지만 녹음 기술은 악보만큼 선택적이지 않다.
그렇기에 모레스키의 예에서 보듯 음악의 실제를 보존하고

미래에 전달하는 일에 훨씬 적합하다. 하지만 이것이 음악 재현의 유일한 목적은 아니다. 서양 고전음악 전통 내에서 기보는 다른 목적, 어떤 면에서는 더 필수적인 목적을 수행한다. 음악가들이 음악에 대해 사고할 뿐만 아니라 음악으로 사고하는 핵심적인 두 방법 가운데 하나로서 말이다. 그런 맥락에서는 선택이 전부다.

55

들으려고 쓰는 음악

음악가들이 음악으로 생각하는 핵심적인 한 가지 방법이 기보라면, 다른 하나는 악기다. 둘 다 동일한 원칙으로 돌아가지만 악기로 설명하는 것이 더 쉬우므로 먼저 이것을 살펴보고 기보로 돌아가겠다. 여러분이 연주하는 악기는 음악에 대해 생각하고 음악을 듣는 방식에까지 영향을 미칠 수 있다. 오보에를 연주하는 사람에게 음악은 입술과 리드가 시시각각 긴밀하게 작용하고 귀로 확인해가며 내는 단일하고 연속적인 소리의 흐름으로 생각될 수 있다. 이와 달리 피아니스트 앞에는 88개의 별도의 건반이 놓여 있다. 오보이스트에게 단일한 소리의 흐름이란 각각의 음이 옆의 음으로 넘어간다는 뜻이지만, 피아노는 건반 88개가 각각 독립된 기제를 작동하여 따로따로 소리를 낸다. 그러므로 피아니스트에게 분산화음 반주 같은 순열 패턴을 만드는 것은 (손은 그대로 두고 손가락만 바꾸면 되므로) 쉽지만, 오보에처럼 연속적인 하나의 라인으로 들리게 만드는, 마치 피아노가 노래하는 것 같은 효과를 내기란 훨씬 어렵다.

　그것 말고도 또 있다. 피아노 건반은 흰건반들 사이에

검은건반 둘(C#, D#), 다시 검은건반 셋(F#, G#, A#)이 들어가는 패턴으로 구성되며, 이런 패턴이 옥타브마다 반복된다. 그러므로 음들의 패턴을 연주하는 동작을 한 옥타브 위로 올리면, 같은 음들의 패턴이 한 옥타브 높게 들린다. 건반의 패턴이 소리의 패턴을 나타내는 지도가 되는 것이다. 그러므로 건반의 공간적 배열을 내면화하면 소리를 이해하는 머릿속 지도를 얻게 된다. 어느 정도는 오보에에도 적용되는 말이다. 원칙적으로 핑거링은 옥타브마다 반복되기 때문이다. 하지만 현대 오보에 악기는 더 쉽게 특정 음을 연주하고 음들 사이를 오가게 하느라 금속 키워크를 많이 부착하므로 상황이 복잡해진다. 최고 음역에서는 핑거링 패턴이 예측할 수 없게 복잡해져서 악기와 소리 사이의 머릿속 지도가 흐지부지된다. 이런 복잡함 때문에, 그리고 단일한 소리만 낼 수 있기 때문에 대체로 오보에는 피아노만큼 음악으로 생각하기 좋은 악기가 아니다. 역사적으로 서양 작곡가 대부분은 건반 연주자였다.

사람들이 악기로 생각한다는 것은 중국 상인들이 전통적으로 주판으로 셈한 것과 같은 의미다. 여기에는 악기만 관련되는 것이 아니고, 악기와 연주자의 신체 간 관계가 중요하다. 손가락과 건반은 신체적 접촉을 토대로 함께 돌아가는 체계이며, 소리는 그 일부다. 성인일 때 재즈 피아노를 배웠고 자신의 학습 과정을 기록으로 남긴 사회학자 데이비드 서드노는 이렇게 말한다.

피아노는 이제 상아와 나무, 강철로 이루어진 외부 덩어리로 경험되는 것이 아니라 (…) 함께 말을 나누는

내면에 획득된 공간으로 전환된다. 건반은 이제 물리적
경계를 이루며 손에 반응하는 장소로서가 아니라 깊은
데서 소리를 내는 장소로서 다가온다.

다시 말해 소리는 신체와 악기가 연결되는 차원이 된다.
손가락, 건반, 소리는 서로 긴밀하게 얽힌 단일한 체계를
이룬다.

이것은 철학자 앤디 클라크가 "확장된 마음extended
mind"이라고 부르는 것과 연결된다. 스크래블 게임[1]을
생각해보자. 여러분은 글자가 적힌 타일을 보드에 이리저리
옮겨가며 그것으로 만들 수 있는 단어를 찾는다(그리고
성가신 Q를 어떻게 처리할지 고민한다). 타일을 배열하다
보면 단어를 생각하게 된다. 연필과 종이로, 오래전에는
계산자[2]로 뭔가를 알아내는 것과 비슷하다. 어떤 경우든
물리적 대상으로 생각하는 것이다. 대상이 사고의 핵심적인
일부다. 클라크의 말처럼 "세상의 일부가 마치 머릿속에서
벌어지는 것과 같은 과정으로 돌아가면, 우리는 주저하지
않고 그것을 인지 과정의 일부로 인식하게 된다. 그러면
세상의 일부는 (…) 인지 과정의 일부인 것이다." 이것이
악기와 어떻게 연결되는지는 자명하다. 손가락, 건반, 소리가
서로 긴밀하게 얽힌 단일한 체계를 이룬다면, 능숙한
피아니스트에게는 이런 차원 하나하나가 다른 것들을 대신할
수 있다. 악기와 소리 없이, 피아니스트가 그저 손가락으로

1. 알파벳 글자를 가지고 단어를 만들어 점수를 얻는 보드게임.
2. 고정된 눈금자들 사이에 좌우로 움직이는 또다른 자와 그 위를
   덮는 투명한 보조판이 결합된 구조의 계산 도구. 전자계산기 보급
   이전에 곱셈, 나눗셈, 제곱근 계산 등에 널리 사용되었다.

음악을 느끼기만 해도 동일한 인지 회로와 과정이 가동된다. 바로 이것이 악기를 통해 음악으로 생각한다는 것이다.

이제 같은 방식으로 기보를 설명해보자. 먼저 구별하기로 시작하자. 음악을 나타내는 여러 기보법 가운데 한 부류로 '태블러처tablatures'가 있다(기타 태블러처가 가장 흔할 뿐 태블러처는 여러 문화에서 발견된다). 간단히 말하면 태블러처는 연주자에게 해야 할 일을 지시한다. 중국 전통 악기 금琴(그림7)에 사용된 초창기 태블러처를 보면 글로 지시한다. 손가락을 저 현에 두고, 여기를 누르고, 이렇게 현을 뜯으라는 식으로 말이다. 현대에 오면 기호로 구성된다. 기타 태블러처는 표준적인 기타에 맞게 여섯 줄을 사용해 악기를 도식적으로 그린 것이다. 각각의 줄에 숫자를 적어 지판 어디에 손가락을 짚을지 나타낸다. 이런 태블러처의 장점은 배우기가 쉽다는 것이다. 적힌 대로만 하면 올바른 음이 나온다. 단점은 오로지 기타에만 통한다는 것이다. 악기마다 다른 태블러처가 필요하다. 이와 달리 오선보는 어떤 악기에든 사용할 수 있다. 악기를 도식적으로 그린 것이 아니라 소리를 도식적으로 그린 것이기 때문이다.

하지만 여기에는 소리의 본질에 대한 특정한 가정이 깔려 있다. 음악적 재현의 다른 체계로 논의를 이어가보자. MIDI(악기 디지털 인터페이스)는 다른 제조업자들이 만든 신시사이저와 음악 기기들이 서로 호환되도록 1982년에 마련한 통신 규약이다(그전까지는 업자들이 저마다 자체적인 신호 체계를 사용했다). MIDI는 건반악기 중심의 팝 음악에 사용할 요량으로 만든 것이므로 모든 음악을 기본적으로 건반 음악으로 여긴다. 각각의 스위치를

그림7. 금을 연주하는 자푸시*(1895~1976).

켜거나 꺼서 소리를 통제할 수 있는 개별 음들의 집합으로
보는 것이다. 그러니 하나의 음에서 다음 음으로 미끄러지는
글리산도 같은 것을 다루는 데는 많은 어려움이 있다.
오선보도 이런 MIDI 신호 체계와 같은 가정으로 작동한다.
모든 음악은 음이라고 하는 불연속적인 실체가 기본
단위라는 가정이다. 음은 음악에서 원자와 같은 존재이며
각각 별도의 건반에 할당된다. 하지만 현실에서는 모든
음악이 이런 식의 불연속적인 실체로 구성되지 않는다. 예를
들어 장식을 과하게 넣는 인도 남부의 노래 스타일을 보면
여러 음높이(C, C#, D)를 연속적으로 오가고 휘고 꺾으며

* 중국의 고금 부흥 운동을 이끈 대표적인 연주자이자 음악학자로,
  20세기 중국 전통 음악을 체계화하고 계승하는 데 크게 기여했다.

성부를 만든다. 실에 꿴 구슬처럼 별개의 음들을 차례로
이어가는 것이 아니다. 사실 모든 노래가 정도의 차이일 뿐
다 그러하며 재즈 색소폰 연주도 마찬가지다. 이런 의미에서
음은 원자와 달리 객관적 존재라기보다 은유적 존재다.

기보는 이런 식으로 더 큰 음악적 가치 체계와 얽히며,
여기서도 금이 좋은 예가 된다. 현대의 금 태블러처에서는
특정 한자를 써서 음을 어떻게 뜯을지를 명시한다. 이렇게
사용하는 한자가 터무니없이 많은데 관습적으로 정해진
것은 스물여섯 개다. (과연 스물여섯 가지 소리로 구별되어
들리는지 의문이 들지만, 금 연주자들은 소리 못지않게
손동작의 안무도 중요하게 여기므로 완전히 터무니없는
것은 아니다.) 한편 중세 성가의 네우마와 마찬가지로
금 태블러처에도 리듬은 전혀 나오지 않는다. 기껏해야 작은
동그라미를 악절 사이에 넣는 정도다. 오선보는 리듬은
정교하게 명시하면서도 아티큘레이션, 음색, 비브라토 같은
금의 현을 뜯는 스물여섯 가지 방법에 내재한 소리의
차원들은 거의 완전히 무시한다. 이렇게나 서로 다른 체계를
상상하기 어려울 정도다.

그렇다고 해서 아티큘레이션, 음색, 비브라토가
고전음악 연주에서 중요하지 않다는 뜻은 물론 아니다.
리듬이 금 연주자들과 청자들의 관심사가 아니라는
뜻도 당연히 아니다. 각각의 체계는 기보의 의도에 꼭
필요한 것만을 명시한다는 뜻이다. 서양 음악 전통에서는
악보를 보고 연주하며, 폭넓은 레퍼토리를 대체로
외우지 않고 앙상블로 연주하는 경우가 많다(그래서 초견
연주가 중요하다). 중국 음악 전통에서는 소수의 독주곡

레퍼토리를 오랫동안 혼자서 공부한다. 자기만의 방식으로 외워서 연주하는 경우가 많으므로 초견 연주는 의미가 없으며 합을 맞출 일도 없다. 이렇듯 사용하는 맥락이 대단히 다르지만, 어떤 경우든 연주자는 악보에 없는 정보를 채워넣는다. 그러므로 악보가 음악의 중요한 모든 요소를 담고 있다는 생각은 오해이다. 네우마의 예에서 보듯 악보는 기억과 지식을 보충할 수 있을 뿐이지 대체하지는 못한다. 연주자에게 악보는 듣기를 대신할 수 없다. 1장에서 연주자들이 악보를 앞에 두고서도 귀로 들으며 연주한다고 말한 이유다.

악보가 연주자를 위해 기억과 연주 양식의 지식을 보충한다면, (아직) 존재하지 않는 음악을 상상해보는 모의실험의 장이 될 수도 있다. 피아노 신동이었다가 심리학자·교육학자가 된 진 뱀버거는 악보와 여기에 들어가는 전문용어가 우리에게 "이름이 붙은 요소들을 자유롭게 다루고, 마음대로 시선을 옮겨가며 참신하게 조합해볼" 힘을 준다고 말한다. 그림 5를 다시 들여다보자. 앞서 말했듯이 각각의 네우마는 성악적 표현을 나타낸다. 하나의 표현을 다른 것으로 바꿀 수는 있지만, 그것 외에는 이 기보법이 우리가 음악과 놀도록 도움을 주지 않는다. 이와 다른 예로 그림 6을 다시 보자. 여기서는 네우마가 여러 개의 음표 머리에 대응하는 대목이 있다(예컨대 두 번째 줄 맨 처음). 악보로 다시 적으면서 하나의 네우마를 음높이와 시간이라는 별개의 원자로 쪼갠 것이다. 이런 원자들은 독립적으로 다룰 수 있다. 각 음표는 어떻게 연주할지 결정을 내려야 하는 개별적인 선택 지점이 된다.

오선보는 음표 머리를 리듬을 비롯해 여러 특징을
명시하는 기호와 결합하므로 여기서 놀이의 가능성이
생겨난다. 이 음을 다른 음으로 바꾸고 이 선율의 윤곽을
뒤집고 여기에 다른 음들을 집어넣으면 어떻게 될까?
여기 리듬을 가져다가 저기 음들에 넣거나 저 리듬에 여기
음높이들을 더하면 어떻게 될까? 우리는 공인된 작곡 기법에
다가가는 중이다(마지막 문장은 리듬의 모티브, 선율의
모티브를 말하는 것이다). 나는 실제 작곡에 가까워지도록
점점 복잡한 예들을 들 수도 있다. 그러는 대신 훌쩍
건너뛰어 복잡한 리듬 표기로 유명한 영국 작곡가 브리
해리슨으로 넘어가자. 해리슨은 팝 아트의 대부 재스퍼
존스의 말을 인용한다. "나는 보고 나서 칠할 때도 있고,
가끔은 칠하고 나서 볼 때도 있다." (반 고흐의 해바라기
그림에 대해 조애나 호지가 생각한 것과 일맥상통하는
말이다.) 그러고 나서 해리슨은 이에 빗대어 자신의 음악을
이렇게 설명한다. "들으려고 쓰기도 하지만, 쓰면서
듣기도 한다." 기보가 들을 만한 새로운 것을 발견하도록
그를 이끌었다는 뜻이다. 그의 악보는 아직 발견되지
않은 소리의 영토를 담은, 아무도 듣게 될 줄 몰랐던 것들을
숨겨둔 지도였던 셈이다.

이 장 서두에서 말했듯이 음악은 들리자마자 사라지는
찰나의 것이다. 악기와 기보는 우리가 이런 음악을 붙들 수
있게 해주는 장치다. 덕분에 우리는 음악을 마음속에
간직하고 모의실험을 통해 이런저런 가능성을 상상한다.
연륜 있는 음악가에게는 악기와 기보로 얻어지는 심상이
인지적 연결망의 일부이며 여기에 소리도 포함된다.

한때 머릿속으로 소리를 '듣는' 능력이 대단한 가치를
발휘했던 적이 있었다. 음악가들은 실제로 듣는 것만큼이나
확실하게 음악을 상상할 수 있다고 과장된 주장을 펴기도
했다. 그래서 작곡가들이 머릿속에서 '들은' 음악을
그냥 받아적었다는 생각이 나왔다. 내가 3장에서 살펴볼
고전음악과 관련한 19세기의 여러 신화 가운데 하나다.
이것은 음악 창조를 대단히 수동적으로 보는 관점이다. 마치
뇌에 있는 '플레이' 버튼만 누르면 음악이 나오는 것처럼
말이다. 실제로 음악을 창조하는 과정은 훨씬 적극적이다.
선제적으로 행하고 그 결과를 보고 보강하는 식으로
진행된다.

　　　이렇게 말할 수도 있다. 실제 소리든 상상의 소리든
그와 더불어 작업하며 그 소리가 어떻게 말을 걸어오는지
살피는 것이라고 말이다. 영국 작곡가 데이비드 고튼과
기타리스트 스테판 외스테르셰가 함께 작업한 독주 기타곡
〈버려진 희망〉을 예로 들어 이것을 설명해보자.
외스테르셰는 여기서 11현 알토 기타를 사용했고, 고튼은
이 악기를 위해 독특한 튜닝 체계를 여럿 마련했다.
두 사람은 이틀에 걸쳐 작업했다. 외스테르셰가 실험적으로
즉흥연주를 하면 고튼이 듣고 의견이나 제안을 냈다.
한번은 외스테르셰가 정해진 것 말고 다른 튜닝을 하더니
매우 흥미로운 화성 패턴을 곧바로 생각해냈다. 그는
몇 분 동안 쉬지 않고 연주를 이어갔고 마지막에는 지판 위로
현을 뜯으며 종소리 같은 화음을 냈다. 고튼이 놀라서
그게 뭐냐고 물었다. 완성된 곡의 상당 부분이 그 6분간의
연주에서 나왔다. 악기와 상호작용을 한 예다. 기타는

고튼이나 외스테르셰가 예기치 못했던 것들을 했다.
그들에게 말을 걸어온 것이다.

작곡가들은 비슷한 방식으로 악보와도 상호작용을
한다. 가끔 그들은 특정 맥락에서 사용하는 음들에 대해
개인적인 규칙 체계를 만들어 질서를 부여한다. 미국 작곡가
데이비드 랭은 초창기에 "어처구니없는 규칙"을 세워놓고
그 안에서 무엇을 할 수 있는지 알아보았다고 말한다.
작곡 교본에 보면 가끔씩 자의적인 제약을 둬서 상상력을
자극하라는 제안이 나온다. 경험 많은 작곡가들도 이렇게
한다. 퓰리처상을 수상한 미국 직곡기 로저 레이놀즈는
본격적으로 작곡(연주자들이 연주하는 곡을 쓴다는
의미에서)을 시작하기 전에 많은 시간을 들여 복잡한 수학적
체계와 구성을 마련한다.

악보가 음악에서 중요한 모든 것을 정말로 담아냈다면,
악보 기반의 규칙만으로도 음악적 결정을 자동적으로
내릴 수도 있을 것이다. 하지만 레이놀즈가 하는 건 그런
것이 아니다. 그는 손잡이를 돌려 음악을 마구 찍어내려는
것이 아니다. 그의 목표는 작곡 과정에서 순간순간
창조력을 발산할 수 있는 음악적 환경을 만드는 것이다.
그는 "직감을 더 활기차게 발휘하고자 국부적인 창의력을
버리는 것"이라고 했다. 과하게 이성적으로 보이는 그
절차는 작곡 문제에 구체적인 형식을 부여하여 그 자리에서
해결책을 찾아내도록 자극한다. 그리하여 레이놀즈는
자신이 원하는 것을 갑자기 보게 (듣게) 된다. 이런 과정
덕분에 그는 다른 어떤 방식으로도 얻을 수 없었을 자발성을
얻었다고 말한다. '새로운 복잡성'이라는 경향을 이끄는

작곡가 브라이언 퍼니호는 자신이 작곡에 컴퓨터
소프트웨어를 사용하는 것을 이와 비슷하게 설명한다.

음악 실험실

창조적 상상력의 이런 여러 측면들은 음악을 만들 때
어떻게 함께 작용할까? 구체적인 사례로 베토벤이 있다.
그의 작곡 방식은 고전음악을 이해하는 사유 체계의
핵심이 되었고, 이는 20세기 내내 건재했고 지금까지도
완전히 사라지지 않았다. 단순히 베토벤이 역사상 최고
작곡가로 널리 인정되었기에 그런 것만은 아니다. 그가 어떤
작곡가보다 많은 스케치를 남겼고, 더 중요하게는 그런
스케치를 그냥 버리지 않았기 때문이다. 그는 낱장을 묶은
스케치북을 사용해, 보통 각 권 처음부터 시작해
마지막까지 적었다. 베토벤이 죽고 세월이 흐르면서 전 세계
여기저기로 흩어졌던 그의 스케치북들은 전후 음악학의
핵심 프로젝트로서 조각들을 모아 원래 형태를 되찾았다.
덕분에 우리는 베토벤이 작곡한 과정을 유례없이
상세히 따라갈 수 있다.
　　1814년에 베토벤은 피아노 협주곡 6번 작곡에
들어갔다. 70페이지 분량의 1악장 스케치를 적었고
(오케스트라 악기가 모두 들어가는) 총보로 만드는 작업을
시작했다가 프로젝트를 접었다. 1980년대 말에 나는
베토벤의 구상을 참고하여 이 악보를 연주할 수 있는 형태로
만드는 작업에 참여했다. 그때의 경험을 예로 들어보겠다.
팝에 관습적인 노래 구조가 있듯이 고전음악에도 정해진

몇 가지 패턴이 있다. 베토벤 곡은 소나타 형식의 협주곡으로 구상되었다. 지금 상세한 세부사항은 중요하지 않다. 소나타 형식을 이루는 섹션이 베토벤이 악상을 스케치하는 틀이 되었다는 것만 이해하면 된다. 각각의 섹션에서 그는 먼저 주제가 되는 재료(음악적 논의로 발전하게 되는 간결한 선율적 악상)를 작업했고, 그런 다음 그것들을 연결하는 패시지를 만들었다. 그리고 나서 이런 여러 재료들을 한데 묶어 연속된 초안으로 만들었다. 그것이 끝나면 이제 다음 섹션으로 넘어가 같은 과정을 반복했다.

이 단계를 마쳤을 때 그는 악장을 순차적으로 이어가는 작업에 돌입하는 대신에 주제를 다른 맥락에 두고 시험하며 아직 스케치하지 않은 대목에서 어떻게 활용할지 알아보았다. 그다음에는 불확실하거나 문제가 되는 부분들을 살피며 매끄럽게 손보는 작업을 했다. 그리고 나서야 이제까지 스케치한 모든 것을 연결하여 점차 길어지는 초안을 마련하기 시작했다. 이 시점에서 그는 총보 작업을 시작했다. 평소보다 이르게 착수한 것이다. 지나치게 이른 감도 있는데, 처음엔 자신감 있게 곡을 시작했다가 점점 더 간략해지고 선을 그어 지우거나 가끔은 아무것도 적지 않고 비워두었다. 베토벤은 음악을 마무리하는 단계에 접어들었다고 마음속으로 생각했던 것 같다. 그가 이렇게 착각했다니 흥미롭다. 이런 오판이 결국 그가 이 악장을 포기하기로 마음먹은 이유였을 수도 있다. 하지만 그보다는 독주 파트를 본인이 연주할 생각이었다가 청력이 점점 나빠져 이것이 불가능하다는 것을 깨달았던 것 아닐까 싶다.

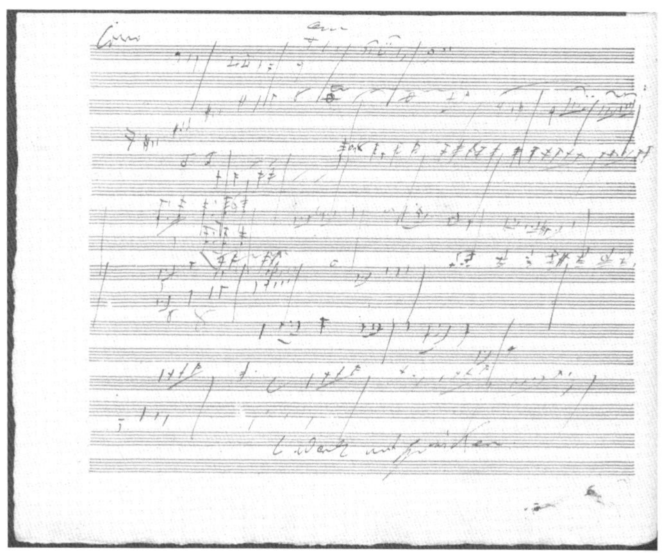

그림 8. 베토벤의 '멘델스존 6' 스케치북, 114쪽. 베토벤이 1814년에 사용한
이 스케치북은 현재 크라쿠프 야기에우워 대학교 도서관에 있다.

스케치는 대체로 오선 한두 줄 정도로 간략했다. 그림
8은 협주곡의 맨 앞 페이지다. 첫 번째 줄은 제2주제가 되는
대목이고, 세 번째 줄에 나오는 긴 트릴의 A에서 피아노가
처음 등장한다. 베토벤은 빠르게 적어간다. 자신만 알아보면
그만이니 음자리표, 조표 따위는 신경 쓰지 않으며 때로는
임시표도 빼먹는다. 그래서 음표 머리가 어떤 음높이를
나타내는지 정확히 알 수 없을 때도 있다. 가끔은 펜을 뗀
지점이 음표 머리를 그린 것인지도 확실치 않아서 맥락을
보고 가장 그럴듯하게 판단해야 한다. 대체로 그는 성부
구조의 상성부에 집중한다. 악보를 보면 그가 염두에 둔
화성을 유추할 수 있다. 가끔 화성을 분명하게 하려고 뭔가를

덧붙이기도 한다. 이 스케치에서 가장 두드러지는 점이라면 과정이 반복된다는 것이다. 베토벤은 똑같은 패시지를 스케치하고 또 한다. 마치 작곡이라는 행위를 통해 자신이 가고자 하는 방향을 모색하려고 한 것처럼 보인다. 이렇게도 해보고 저렇게도 해보다가 안 되면 판을 뒤집었다.

내가 말하는 작곡 '행위'란 종이에 뭔가를 적는 것 이상의 의미다. 적힌 것을 보고 있노라면 베토벤이 음을 이리저리 밀어붙이고 음이 그에게 반응하여 말을 건 과정이 고스란히 새겨져 있음을 의식하게 된다. 그는 음악으로 생각하되 송이를 가지고 그렇게 하는 것이다. 스케치는 그저 그의 생각을 기록한 것이 아니라 어찌 보면 그의 생각 자체다. 미국의 이론 물리학자 리처드 파인만이 과학 역사학자 찰스 위너에게 했던 말이 생각난다. 위너는 파인만의 작업 노트를 가리키며 그가 머릿속에서 작업한 것의 기록이라고 했고, 그러자 파인만이 반박했다. "기록이 아닙니다. 일하고 있는 겁니다. 우리는 종이에 쓰면서 일해야 하는데 이게 바로 그 종이라고요." 똑같은 의미에서 베토벤은 종이를 가지고 일했고, 그렇게 그는 음악으로 생각했다. 클라크가 말한 확장된 마음의 또다른 예다.

베토벤의 작곡 과정에 대해 말하면 모든 사람이 스케치를 생각하지만 그게 전부가 아니다. 그저 남아 있는 부분일 뿐. 남지 못한 것이 있으니, 베토벤이 피아노로 무엇을 했느냐다. 19세기의 다른 신화로 진정한 작곡가는 피아노로 작업하지 않는다는 것이 있다. 모든 것이 다 머릿속에서 이루어진다는 말이다. 다행히 베토벤을 두고는 아무도 그런 말을 하지 않았다. 1823년 그는 루돌프 대공에게 작곡과 관련하여 조언하기를, 작은 탁자를 항상 피아노 옆에 둬서 언제라도 쉽게 왔다 갔다 하도록 권했다. 베토벤이 작곡하는 동안 피아노로 똑같은 것을 계속 반복해 연주했다는 당대인들의 증언도 있다. 그가 종이로 한 것처럼 말이다. 스케치북을 들여다보면 가끔 발상이 갑작스럽게 바뀌는 공백이 나온다. 아마도 그가 피아노로 자리를 옮긴 대목이었을 것이다. 아울러 순조롭게 진행된 듯 보이는데 묘하게 잘린 느낌이 드는 스케치도 있다. 베토벤이 피아노로 작업하곤 잊기 전에 서둘러 적은 것으로 보인다.

베토벤의 작곡 비결 하나가 계속 반복하는 것이라면, 또 하나는 관점을 바꾸는 것이다. 스케치북과 피아노로 전혀 다른 관점을 넘나든 것이 가장 뚜렷한 예일 것이나, 스케치 안에서도 그가 세부를 파고들었다가 전체를 조망했다가(예컨대 앞서 말한 확장된 초안) 하는 것을 볼 수 있다. 각각의 관점은 창작 중인 음악을 부분적으로만 보여주므로 합쳐질 때 더 완전한 이미지가 만들어진다. 관점을 옮기는 과정에서 새로운 아이디어가 생겨나기도 한다. 이제까지 말한 스케치북은 '책상용'의 큰 판형 (커서 한눈에 많은 걸 볼 수 있는)이고, 베토벤이 외출할 때마다 들고 다닌 '휴대용' 수첩도 있다. 그는 수첩을 들고 빈 숲속을 산책하는 모습으로 유명했으며, 그가 자주 "종이와 연필을 손에 쥔 채 걸음을 멈추고는 마치 뭔가를 들으려는 듯 위로 아래로 보고, 그런 다음 종이에 음표를 끼적였다"는 당대인의 증언이 있다. 관점이 바뀌는 것을 단적으로 보여주는 예다. 창조적인 분야에서 일하는 많은 사람들도 이렇게 하면 작업에 도움이 된다고들 한다.

이로써 베토벤이 어떤 환경에서 작곡했는지 전체적인

그림이 그려진다. 피아노와 스케치북은 긴밀히 연결돼 서로
보완하면서 그가 음악으로 생각하도록 해주었다. 그는
이런 방법으로 새로운 아이디어를 얻거나 기존 아이디어를
발전시켰으며, 이를 경험적 현실과 견줘보며 소리가
옳은지 그른지 가늠했다. 브라이언 이노는 스튜디오 작업과
악보 중심의 작곡이 대조적인 성격을 갖는다고 했다.
스튜디오에서는 말 그대로 소리를 갖고 작업하므로
경험적인 데 비해, 상징적 기호로 작업하고 나서 나중에
소리로 바꾸는 악보 작업은 추상적이라는 것이다.
하지만 꼭 그렇지는 않으며 고전음악 작곡가들이 (신화와
달리) 건반으로 작업했기 때문만도 아니다. 악기, 기보,
연주하거나 적는 몸, 소리는 함께 다양한 양태를 갖는 연결된
체계를 이룬다. 이런 체계를 통해 작곡가들은 음악으로
생각했고 그 과정에서 나오는 곡이 그들에게 말을 걸었다.
이 체계는 그들이 건반 앞에 있든 책상에 있든 숲에 있든
상관없이 작동했다. 그리고 베토벤에 관한 난감한
수수께끼에 답을 준다. 그는 완전히 듣지 못하게 된 뒤에도
어떻게 대표 곡들을 계속 작곡할 수 있었을까? 답은
명확하다. 비록 그가 물리적 소리는 더 이상 듣지 못했지만,
소리가 결정적인 축을 담당하는 심적 구조물, 즉 연결망은
건재했기 때문이다. 그는 아무것도 듣지 못했어도 여전히
귀로 들으며 작곡하고 있었다.

　　19세기에 횡행한 또 하나의 신화는 위대한 작곡가는
번뜩이는 영감의 순간에 음악을 한꺼번에 구상하므로
머릿속에 이미 형성된 것을 옮겨 적기만 하면 된다는 것이다.
그런 생각을 한 사람은 베토벤의 스케치북을 한 번도 보지

못한 것이 틀림없다. 베토벤은 그저 숲에서 떠오른 사소한
선율 자락을 집에 돌아가기 전까지 잊지 않으려고 적은 것이
아니었다. 그가 숲을 산책하다가, 건반을 치다가, 혹은
종이 위에 뭔가를 끼적이다가 떠오른 악상을 가지고 얼마나
고심했는지 여러분은 안다. 그의 펜이 그를 어떤 방향으로
이끌었는지 볼 수 있다. 가끔은 재빠르게 결론에 이르기도
했지만 대체로 우여곡절 많은 힘든 과정이었다. 왜냐하면
악상이 자신을 최종적으로 어디로 데려갈지 베토벤도 몰랐기
때문이다. 그래서 스케치도 한 것이다.

프랑스 철학자 모리스 메를로퐁티는 글쓰기를 옷감
짜기에 비유한 바 있다. 옷감의 안쪽을 보며 작업하다 보면
문득 자신이 의미로 둘러싸여 있음을 깨닫게 된다고 말했다.
음악 역시 그러하다. 메를로퐁티의 비유는 내가 여기서
말하는 두 가지 핵심을 담아낸다. 하나는 음악이 작곡이라는
행위가 이루어지는 과정에서, 아직 모르는 목표를 찾아가는
과정에서 모습을 드러낸다는 것이다. 두 번째는 음악이라는
옷감에 안쪽과 바깥쪽이라는 근본적인 두 가지 차원이
있다는 것이다. 연주하고 들을 때 역동적·상황적·사회적으로
구성되는 시간 속에서 경험되는 음악이 있다. 이 경우 음악은
너무도 수월하고 유려하게 들리므로 마치 자연에 존재하는
것 같다. 대부분의 사람들이 음악에 대해 이야기하면서 하는
말이 이런 것이다. 하지만 그 이면에는 수고스럽게 한 땀
한 땀 엮은 음악이 있다. 상당히 다른 종류의 (그리고 훨씬
긴) 시간 속에서 벌어지고 특별한 지식과 기술이 동원되는
과정이다. 음악이 인위적임에도 마치 자연처럼 행세하는
것은 이렇듯 음악이라는 옷감에 양면이 존재하기 때문이다.

3장

과거의 현존

자기표현의 가치

이 장에서는 18세기로 거슬러 올라가는 몇 가지 핵심
개념들을 살펴볼 것이다. 그 개념들은 기본 가치가 많이
달라진 현재까지 서양에서 음악 및 음악에 관한 사고를
좌우한다. 여기서 내가 주로 말하는 것은 고전음악인데
약간의 설명이 필요해 보인다. '고전' 음악이라는 용어는
악보로 기보되는 서양 엘리트 음악 전통을 가리킨다.
물론 경음악과 춤곡, 살롱 음악, 찬송가를 포함하는, 보다
대중적인 음악 전통과 확실하게 나뉘는 것은 아니다.
'고전주의'는 18세기 말부터 19세기 초까지 빈과
오스트리아–헝가리 제국을 중심으로 발달한 특정 양식을
가리킨다. 하이든, 모차르트, 베토벤이 고전주의 음악
발달에 크게 기여했다. 시간이 흐르면서 이 시기는 예술적
성취의 불변하는 기준이 되는 황금시대로 여겨졌다.
그리스 로마 고전 시대의 예술과 문학도 같은 식으로
인식됐다. '고전'이라는 말은 바로 거기서 온 것이다.
이 장에서는 바로 이 부분을 집중적으로 다루며, 마지막에
이와 대단히 다른 '탈고전'이라고 부를 만한 사고
체계의 등장을 살펴본다. 음악이 무엇이고 무엇을 위해

존재하는지에 대한 새로운 생각은 디지털 기술이 발달하면서
비로소 풍성한 결실을 맺었다.

1750년 무렵이면 고전음악은 세 가지 느슨한 범주로
나뉘었다. 첫째, 합창 위주에 거의 자체적으로 돌아가고 종종
구태의연했던 교회 음악. 둘째, 상류사회에서 핵심적이었던
춤을 바탕에 둔 왕·귀족들의 우아한 기악 음악. 셋째,
궁정에서도 선보였으나 주로 이탈리아와 영국의 상업적인
오페라 극장에서 볼 수 있었던 오페라. 이 가운데 음악이
가장 큰 명성을 누린 분야는 단연 오페라였다. 오페라는 무대
예술로, 당대 회화와 마찬가지로 고전적이거나 신화적이거나
역사적인 주제를 주로 다루었다. 음악이 무대를 꾸미되,
그 핵심 역할은 성격을 드러내는 것이었다. 이 시기의
오페라는 레치타티보와 아리아를 결합했다. 레치타티보는
가벼운 음악 반주에 말하듯 노래하여 줄거리를 전달하는
것, 아리아는 극의 진행이 멈춘 가운데 대체로 주인공
한 명이 극적이고 감정적인 상황을 노래하는 것을 말한다.
당연히 음악이 중요했으며 여기서 음악은 두 가지 차원의
재현을 활용했다. 첫째, 무대 위에서 연기하는 인물의 성격과
심리 상태를 재현했다. 둘째, 이 과정은 각각의 감정을
재현하는 관습적 음악 표현, 즉 일종의 '감정 사전'을 따르는
방식으로 이루어졌다.

하이든과 모차르트를 포함하여 18세기 말에 활동한
음악가들은 대체로 오페라와 기악곡을 모두 작곡했고
오페라의 발상을 건반 음악, 현악 4중주, 관현악곡 등
기악곡으로 가져갔다. 이제 막 발명된 피아노를 위해
모차르트가 작곡한 몇몇 소나타는 흡사 오페라 같은 소리를

낸다. 오페라에 감정을 나타내는 음악 사전이 있었듯이
기악곡에도 이른바 '주제'의 사전이 있었다. 특징적인 음악적
재료로 특정한 현실의 맥락을 떠올리게 했는데, 예컨대
교회는 고루한 대위법으로, 콘서트홀은 비르투오소
음형으로, 사냥은 관습적인 나팔 소리 패턴으로 나타내는
식이었다. 악보상으로는 그냥 피아노곡처럼 보이는 음악조차
와이 제이미슨 앨런브룩에 의하면 "인간의 표정과 행동을
담은 축소판 극장"이 될 수도 있었다.

　　이 문제는 나중에 다시 살펴보겠다. 중요한 것은 인물의
성격을 재현하는 오페라의 언어가 새로운 양식의 기악곡으로
이어졌다는 사실이다. 대표적인 예가 현악 4중주다. 아널드
스타인하트가 말했던 연주자들 사이의 복잡한 상호작용은 각
악기가 연주하는 가상의 인물들 간의 상호작용이기도 하다.
여기서 '연주play'는 역할극role play과 같은 의미를 갖는다.
하이든의 어느 초기 전기에서는 하이든의 한 4중주곡에 대해
붙임성 좋은 중년 남자(제1바이올린)와 더 내성적이고 남들
말에 잘 따르는 그의 친구(제2바이올린), 건전하고 박식한
시민(첼로)으로 구성된다고 말한다. 비올라는 비올라 농담의
전통에 따라 알맹이 없는 말을 고집스럽게 반복하는
"수다스러운 기혼녀"로 묘사된다. 노골적으로 웃자고 하는
설명이다. 하이든과 모차르트의 4중주곡에서 악기들은
몇 마디마다 성격을 바꾸는 예가 많으니까 말이다. 그러나
기본 발상은 옳다. 현악 4중주라는 음악 장르를 친구들끼리
나누는 세련된 대화에 빗대는 것은 흔하디흔한 일이었다.
　　이렇게 성격과 감정을 표현하는 언어는 덜 친밀하고 더
대중적·공식적인 교향곡이라는 장르에서도 찾아볼 수 있다.

일반적인 패턴(내가 2장에서 언급했던 소나타 형식)은
성격도 조성도 다른 주제 단위 둘이 등장하여 서로
주고받으면서 모종의 합의에 이르는 것이다. 이런 기악곡
드라마가 오페라와 다른 점이라면 무대 위의 인물이 아니라
추상적인 음악을 대리인으로 앞세워 이루어지며 그래서
더 유동적이라는 것이다. 현악 4중주에서와 마찬가지로
악기가 나타내는 인물들은 서로에게 흘러들어가 섞이거나
만화경처럼 관계를 계속 바꾼다. 오페라 무대나
실생활에서는 결코 볼 수 없는 방식이다. 이 세계에서는
인간의 특질과 관계가 응축되고 강화된 형식으로 존재한다.
이렇게 보면 디지털 인류학자 톰 보엘스토프가 말한 것처럼
"실제 사회에서 많은 요소들을 가져오되" 사실과 다른
방식으로 재구성하는 '세컨드라이프'[1] 같은 가상세계의
역할극과도 닮았다.

　　당대 청자들과 비평가들이 보인 반응이 여기에 힘을
실어준다. 1769년에 독일 비평가 고트홀트 에프라임
레싱은 이렇게 썼다. "이제 우리는 공감으로 누그러드는가
싶더니 돌연 분노에 휩싸인다." 그리고 묻는다. "어째서인가?
어떻게? 누구에게? 우리의 영혼이 방금 전까지 연민을
느꼈던 사람을 향한 분노인가? 아니면 다른 사람?" 새로운
기악곡의 개념을 오페라나 실생활의 규범과 견주어보며,
레싱은 모순되고 생뚱맞아 보이는 감정들이 빠르게 이어지는
데 당황했다. 그럼에도 음악을 인물 표현으로 들으려는

1. 온라인 메타버스 플랫폼. 사용자가 아바타를 통해 가상의 공간을
　탐험하고, 사회적·경제적 활동을 할 수 있다.

그의 충동은 계속적으로 힘을 발휘했고, 19세기로 접어들
무렵이면 청자들과 비평가들은 점점 더 베토벤의 교향곡을
특출한 개인을 그린 성격 연구로, 소리의 초상화로 들었다.
베토벤 본인도 교향곡 3번에 나폴레옹 보나파르트의 이름을
붙이면서 이런 생각을 부추겼다. 그는 나폴레옹이 그저
또 한 명의 독재자일 뿐임을 깨닫고 결국에는 악보 페이지를
찢었지만, 그것을 대신한 제목("한 위인의 추억을 기리며
작곡한 영웅 교향곡")은 정확히 이런 식의 해석을 유도한다.
　　우리는 이런 식으로 베토벤 음악을 듣는 경향이
교향곡 9번까지 이어졌음을 비평가들의 반응을 통해 확인할
수 있다. 1824년 초연을 보도한 어느 기사는 음악 속
영웅주의를 간파하고 그것을 베토벤 본인에게 적용한다.
"청중은 극진한 존경과 공감으로 음악적 영웅을 맞이했다."
또다른 평론 기사는 베토벤이 주인공으로 나서는 영웅적
서사의 관점으로 음악을 묘사한다. "베토벤의 상상력은 그의
불같은 기세를 저지하려 드는 세상을 갈가리 찢는다." 음악은
그저 투쟁을 묘사하는 것이 아니라 베토벤의 투쟁이다.
1828년의 한 평론 기사는 이런 관점을 청각 장애에 시달리는
베토벤의 투쟁으로 보는 식으로 한 단계 더 밀어붙여,
교향곡 전체가 고통을 딛고 환희로 나아가는 그의 행로를
나타낸다고 말한다. 음악은 베토벤의 작품인 것을 넘어
베토벤에 관한 것이다. 또다른 평론 기사는 마지막 악장에서
장르의 관습을 깨고 등장한 성악을 두고 "그가 자신을
적절하게 표현하기 위해" 반드시 필요한 것이라고 설명한다.
"그는 자신을 어떻게 표현할 것인가? 무엇이 그의 노래가 될
것인가? 그것은 환희의 노래일 수밖에 없다!"

여기서 이야기는 이 무렵에 벌어졌던 음악회 문화의
변화와 연결된다. 농촌 인구가 도시로 이주하고 새롭게
여가를 즐기는 부르주아 계층이 등장하면서 교향악은 왕과
귀족의 궁정에서 벗어나 대중을 위한 음악회로 무대를
넓혔다. 이에 발맞춰 청취 관행에도 변화가 일었다. 오페라
극장은 본래 사교적 청취를 위해 설계되었다. 사람들이
무대를 보면서 동시에 사교를 나누도록 배려한 박스석이 그
예다. 새로 지어진 콘서트홀에서는 모두가 무대를 향해
앉았고, 여기서 청중은 음악을 자신이라는 주관적 존재의
핵심으로 흡수하고자 애쓰는 진지한 청취 양식을
발달시켰다. 그림9를 보자. 비록 콘서트홀은 보이지 않지만
제목으로 보건대 일곱 명의 남자가 음악회에 있는 모습이다.
저마다 다른 방식으로 음악을 듣고 있는 것 같다(최소한
한 명은 졸고 있다). 그들 사이의 교류는 지하철에서
이어폰을 꽂고 있는 승객들만큼이나 보이지 않는다. 각자
자신의 세계에 둘러싸여 있다. 마치 베토벤 음악이 한 명씩
그들에게 은밀히 말을 걸고 있는 것 같다. 대리 친밀감의
경험이다.

이런 기류는 계속 이어졌다. 라미의 그림이 나오고
6년이 지난 1848년, 훗날 오페라(본인의 용어로는 음악극)
작곡가로 크나큰 영향력을 미치게 되는 리하르트 바그너가
교향곡 9번을 가리켜 베토벤이 청력 상실의 고독 속에서
손을 뻗은 것이라고 설명했다. "여러분을 향해 간절하게
간청하는 가엾은 사람을 만났는데, 그의 말을 곧바로
알아듣지 못했다고 해서 그에게 등을 돌리겠는가?" 베토벤
음악을 듣는다는 것은 베토벤 본인에, 혹은 밀물처럼

그림 9. 유진 라미, 〈A장조 교향곡의 안단테〉. 이 수채화는 1840년
그림이며 현재 행방은 알려져 있지 않다. 제목은 화가가 직접 지은 것으로
왼쪽 하단에 적혀 있다. A장조 교향곡이란 베토벤 교향곡 7번을
가리키는 것으로, 이 그림은 〈베토벤 교향곡을 듣는 순간〉이라는 제목으로
더 잘 알려져 있다.

쏟아진 칭찬일색의 전기와 좋은 말만 쓰인 공연 해설로 인해
이상화된 베토벤 이미지에 몰두한다는 뜻이었다. 베토벤
숭배는 20세기에도 이어졌으며, 프랑스 작가 로맹 롤랑은
베토벤이 개인의 성실, 이타주의, 자기부정을 제대로
보여주는 현대의 역할 모델이라며 떠받들었다. 그는 사실상
베토벤을 "고통을 통해 얻은 환희"라는 모토로 축소했다.
베토벤이 크로아티아 여행의 힘겨움을 편지로 전하면서
익살스럽게 적은 구절일 뿐인 이 한마디가 롤랑의 손에 의해
보편적인 윤리 원칙처럼 된 것이다. 이런 발상은 베토벤을

넘어 다른 작곡가들(바그너를 포함하여)에게로 확대되었다. 고전음악은 팬 문화가 되었다.

음악을 꼭 이런 식으로 들어야 한다는 말은 아니다. 음악학자이자 심리학자인 로버트 예르딩엔의 말처럼 18세기에는 음악이 작곡가의 감정에 관한 것이라고 하면 마치 요리사의 시큼한 소스가 그의 시큼함에 관한 것이라는 이야기만큼이나 이상하게 들렸을 것이다(사실 이런 말은 오늘날 요리 경연대회 참가자들이 자신의 대표 음식을 가리켜 개성의 표현이라고 주장하는 것과 그렇게 다르지 않다). 그리고 20세기가 열릴 무렵이면 이렇게 작곡가 중심의 팬 문화는 고전음악에서 상당히 사그라들었다. 이제 슈퍼스타 연주자들이 있었다. 이들은 특히 녹음 기술이 등장하면서 각광받았는데 카루소가 대표적인 예다. 하지만 팬 문화의 중심을 차지한 것은 녹음 기술에 힘입어 거대한 국제적 산업으로 발달하고 있던 대중음악이었다. 1930년 이후에 등장한 크루너 가수들을 생각해보자. 빙 크로스비, 프랭크 시나트라 같은 가수들은 마이크로폰의 발명으로 가능해진 가창 양식을 개발하여 크루너crooners[2]라는 이름을 얻었다. 서양의 고전음악 가수들은 갈수록 거대해지는 공연장을 자신의 소리로 꽉 채워야 했지만, 크루너들은 마이크에 바싹 붙어서 노래하여 더 조용하고도 실제 소리 같은 음성을 냈다. 그들은 마치 우리의 귀에 대고 은밀하게 말을 거는 것처럼 노래했다.

2. 조용하고 부드러운 음성으로 노래하는 가수라는 뜻으로 마이크로폰 발명 이후 새로이 부상했다.

　　팬 문화는 전후에 엘비스 프레슬리와 비틀스가
등장하면서 한층 열렬하게 달아올랐다. 내가 강조하고 싶은
것은 음악이 자기표현이라는 고전음악의 발상이 어떻게
밥 딜런, 닐 영, 데이비드 보위 같은 솔로 아티스트들에게로
이어졌느냐는 것이다. 연주자이면서 곡도 쓰는 그들은
고전음악처럼 작곡가와 연주자가 확실하게 나뉘지 않는
문화에서 활동했다. 그들은 자기 음악을 일차적으로
책임지는 작가로 간주되었다. 베토벤과 마찬가지로 그들의
음악을 듣는다는 것은 그들에게, 혹은 잡지 기사나 음반에
수록된 해설 및 텔레비전 프로그램을 통해 구축된 그들의
이상화된 이미지에 개인적으로 몰입하는 일이었다. 또다시,
베토벤과 마찬가지로 팬덤의 핵심에는 아티스트와 청자
간의 대리 친밀감이 있었다.

　　고전음악 전통과 20세기 대중음악의 연결점은 여기서
나왔다. 음악이 작곡가의 자기표현이라면 작곡가는
스스로에게 거짓이 없어야 했다. 롤랑의 베토벤 숭배의
토대는 성실함이었다. 작곡가가 저지를 수 있는 최악의
범죄는 상업성에 영합하는 것, 즉 인기나 세속적 성공, 돈
같은 걸 얻고자 개인적 양식과 미적 가치를 저버리는
행위였다. 베토벤조차 이런 의혹에서 자유롭지 못했다.
나폴레옹전쟁 이후 새로운 세계 질서를 협의하고자
유럽의 권력자들이 모여 빈 회의(1814~15)를 열었을 때
베토벤은 훗날 돈벌이를 위해 썼다는 비판을 받게 되는
곡들을 잇달아 내놓았다. 그중 최고 성공작은 공간적인 음향
효과를 주고 포격 소리를 흉내 내 비토리아 전투를 실감나게
묘사한 〈웰링턴의 승리〉였다. 유명한 베토벤 전기 작가

메이너드 솔로몬의 평가가 전형적인 반응이다. "〈웰링턴의 승리〉로 이례적인 대중의 찬사와 재정적 보상을 거둬들이자 그는 이런 쪽으로 최대한 우려먹고 싶은 유혹을 느꼈다." 이 시기의 작품들은 "베토벤의 예술 경력을 통틀어 가장 떨어지는 수준"을 보여준다.

20세기 후반에 이르러서도 그런 사고방식은 여전히 막강했다. 베토벤이 의혹에서 자유롭지 못했다면 그건 밥 딜런도 마찬가지였다. 1966년 딜런이 영국 맨체스터의 프리 트레이드 홀에서 연주했을 때 청중 한 명이 그에게 "유다!"라고 소리쳤다. 표면상 이유는 딜런이 어쿠스틱기타 대신 일렉트릭기타를 들고 나온 것이었지만, 상징적으로 보면 그 방해꾼은 딜런이 저항 음악 전통을 저버렸다고 비난한 것이었다. (또다른 팬의 말이다. "마치 우리가 소중하게 간직했던 모든 것이 짓밟힌 기분이었어요. 우리가 그를 만들었는데 그가 대의를 저버렸으니까요.") 어느 쪽이든 딜런은 배신자였다. 이 책을 시작하면서 내가 프루덴셜 광고로 보여주려 했던 바로 그 개인의 진정성 문제인 것이다. 관건은 주인공이 자신에게 진실하면서도, 즉 자신이 지향하던 음악가가 되면서도 노후를 대비할 수 있느냐다. 이는 개인뿐만 아니라 밴드에도 적용된다. 록밴드에 요구되는 조건에는 자신의 음악을 직접 만드는 것이 포함된다. 그렇지 않은 밴드는, 특히 기획자에 의해 인위적으로 만들어진 밴드는 진정하지 않다고 여겨진다. 멍키스가 평단으로부터 혹독한 비난을 받은 이유다. 제대로 된 록밴드(예컨대 러시 같은)라면 무대 위에서 좋은 모습을 보여야 한다. 타고난 음악성이 모자란 것을 감추고자 술수에

의존하지 않는다. 2004년 미국 가수 애슐리 심슨이 라이브
공연을 하는 도중에 돌발 사고로 그녀가 미리 녹음된 트랙에
맞춰 립싱크를 한 것이 들통났을 때 포화를 맞은 건
그래서다.

　　진정성 개념이 기획형 밴드나 립싱크나 기타 대중문화
속의 인위적 형식에 대항하는 무기로만 쓰인 것은 아니었다.
고전음악을 물리치는 방망이로 활용될 수도 있다(애초에
고전음악에서 비롯된 것임을 생각하면 아이러니하다).
아동용 텔레비전 시리즈 〈파프너 홀의 유령〉(1989년 방영된
짐 헨슨의 머펫 쇼에서 파생되었다)의 한 에피소드에 이런
예가 나온다. 유럽 전통의 비르투오소 음악가 피가니니가
청소용구를 넣어두는 벽장에 숨어 있는 것을 잡역부가
발견한다(그림 10). 돼지의 모습을 한 이 유명인은 신기에
가까운 테크닉을 보유했지만 치명적인 약점이 있다. 오로지
스케일 음형만 연주할 수 있고 그것도 앞에 악보가 있을 때만
가능하다. 그는 청중이 자신에게 검은 음표들을 이런저런
다른 시퀀스로 "뒤죽박죽 엉망진창" 연주해달라고 요구하는
통에 자신감을 잃었다고 잡역부에게 털어놓는다. 다행히도
잡역부는 유명한 블루스·포크·컨트리 음악가 라이 쿠더다.
그는 기타를 꺼내들고 피가니니에게 즉흥연주를, 마음에서
우러나는 연주를, 진짜 음악 연주를 한 수 가르친다.
블루스와 놀랍도록 비슷하게 들린다. 대중음악의 모든
장르를 통틀어 미국 남부에서 억압받은 자들의 진심 어린
자기표현과 가장 긴밀하게 연관되는 음악이 블루스다.
미국 대중문화와 유럽 고전음악 전통의 이 짧은 만남에
국가와 인종의 문제가 복잡하게 얽혀 있다.

그림 10. 〈파프너 홀의 유령〉(1989)에 등장하는 피가니니와
라이 쿠더의 모습.

여기서 진정성과 비진정성의 대조는 자연과 인위성의
대조로 표명된다. 19세기 초에 자리 잡았고 오늘날의
음악 환경에서도 여전히 남아 있는, 음악은 자기표현이라는
관념이 이런 식으로 나타나는 것이다. 과거에 통했던
가치들이 달라져도 과거는 현재에서 생을 이어간다.

소리의 기념물

앞서 오페라의 인물 재현으로 이야기를 시작했다. 음악이
재현이라는 생각은 19세기 동안 상당히 다른 방식으로도
발전했다. 여기서 베토벤 교향곡 7번 같은 작품이 '저
바깥'에 이상적이고 영속적인 실체로서 존재하며 연주를

통해 재현된다는 생각으로 다시 돌아가자. 사람들은 어떻게 이런 식으로 생각하게 되었을까?

사실 그와 같은 사고방식은 오랜 전통이 있다. 거슬러 올라가면 고대 그리스 철학자 플라톤까지 가닿으며, 중세 초에도 이런 사고는 살아 있었다. 사람들은 기억을 돕고자 적은 메모였던 네우마를 고차원적 존재가 지상에 반영된 것이라고 여겼다. 이탈리아 르네상스 시기에 천재 예술가라는 개념이 등장했다. 고차원적 존재에 접근할 수 있다는 뜻을 내포한 개념이었다. 곧 예술가는 초월적인 실재와 계시를 인간 문화에 전달하는 중재자였다. 18세기에 이르면 영감에 찬 예술가는 개념적인 이해, 심지어 본인의 이해조차 넘어서는 수준에서 창작하는 존재로 여겨졌다. 이런 모든 생각들이 19세기로 흘러들어 천재는 무에서ex nihilo 창조하는, 그야말로 독창적인 것을 만들어내는 비범한 존재와 공고하게 연결되었다. 이제 예술가는 모종의 신이 되었다.

이런 사고방식 곳곳에 이분법이 있다. 천재와 범재의 구별은 예술과 오락의 구별과 겹쳐졌다. 또한 작곡가는 창조성의 완벽한 본보기이고 연주자는 그저 남을 즐겁게 하는 예술가라는 구별과도 겹쳐졌다. 무엇보다 성gender과 겹쳐졌다. 오늘날 클라라 슈만은 작곡가 로베르트 슈만의 부인으로 인식되지만, 생전에는 오히려 로베르트가 당대 최고로 유명한 피아니스트의 남편으로 알려져 있었다(그림 11). 클라라는 작곡도 했다. 그녀의 일기에 이런 말이 나온다. "한때는 내게 창조적 재능이 있다고 믿었으나 이런 생각은 접었다. 여자는 작곡하려고 해서는 안 된다. 애초에

그림11. 아돌프 폰 멘첼, 〈요제프 요아힘과 클라라 슈만〉. 1854년의
파스텔화이며 현재 소실되었다. 클라라 슈만(1819~96)이 당대 가장 명망
높았던 헝가리 출신의 바이올리니스트 요제프 요아힘(1831~1907)의
반주를 맡고 있다.

그럴 능력이 되지 않는다." 이런 식의 사고는 베토벤 교향곡
3번의 제목을 빌리자면 영웅 혹은 '위인Great Man' 중심의
사고라고 할 수 있다. 위인이 역사를 이끌어가는 진정한
행위자라는 생각이다.

　　예술가가 더 높은 존재의 중재자라는 낡은 생각은
음악에서 20세기까지 살아남았다. 작곡가 한스 피츠너가
천상의 음악가들로부터 영감을 받고 있는 그림12에서 예를
볼 수 있다. 앞서 말했듯이 위대한 음악—천재의 음악—은
번뜩이는 영감의 순간에 탄생한다는 생각이 횡행했다.

그림 12. 뮌헨 잡지 《유겐트》(1918) 표지에 실린 카를 바우어가 그린
한스 피츠너(1869~1949) 그림. 배경에 나오는 인물들은 〈교황
마르첼루스 미사〉 작곡에 천사들이 영감을 주었다는 16세기 이탈리아
작곡가 조반니 피에를루이지 다 팔레스트리나를 소재로 한 피츠너의
오페라를 암시한다.

곡 전체가 예술가에게 한꺼번에 모습을 드러내므로
그냥 옮겨 적기만 하면 된다는 것이었다. 자주 인용되는
모차르트의 편지에서 이런 관념을 읽을 수 있다.

> "곡이 아무리 길어도 머릿속에서 전체가 거의 완전하고
> 완성된 모습으로 들어 있으니 멋진 그림이나 예쁘장한
> 형상을 보듯 한눈에 훑어볼 수 있소. (⋯) 종이에
> 옮겨 적는 것은 금방이오. (⋯) 이미 다 완성되어 있으니.
> 악보에 적은 것과 머릿속에서 들은 곡은 거의 차이가
> 없소."

베토벤도 비슷한 취지로 말했다. 곡이 "생겨나고 점차
자라서 마치 주조하듯 내 앞에서 전체 모습이 빚어지는 것을
마음속으로 듣고 보네. 그러니 악보에 그대로 옮겨 적기만
하면 되지."
　내가 2장에서 입증했듯이 베토벤의 작곡 과정을 이렇게
설명하는 것은 그가 남긴 스케치북의 증거와 완전히
모순된다. 어찌된 연유인지 설명하기란 쉽다. 베토벤이
했다는 말은 피아니스트 겸 작곡가 루이 슐뢰서의 회고록에
나오는 것이다. 슐뢰서는 1823년에 베토벤에게 직접
들었다는 그 말을 57년이 지나서야 공개한 것인데,
모차르트의 편지를 참고했음이 너무도 빤하다. 그리고
모차르트가 했다는 말도 요한 프리드리히 로흘리츠가
1815년에 "모차르트가 P 남작에게 보낸 편지"라는 제목의
글을 자신이 편집자로 있던 음악잡지에 실으면서 지어낸
것이다. 모차르트와 베토벤은 그런 말을 한 적이 없다. 그저

그들이 말했을 법하다고 19세기 음악가들과 비평가들이
생각한 바를 나타낼 뿐이다. 고전주의 음악의 이미지가
어떻게 구축되었는지 보여주는 신화의 일부였다. 후대
작곡가들(예컨대 막스 레거)이 증거로 남아 있는 스케치를
무시하고 그들이 정말 그런 식으로 작곡했다고 믿는 것을
보면 재밌기도 하고 보기에 따라 서글프기도 하다.

　　　이렇게 작곡가를 떠받드는 분위기에서 음악 작품에 대한　　89
새로운 관념이 생겨났다. 여기에는 역사적인 배경이
자리하고 있다. 19세기에 접어들 때까지도 음악은 쓰고
버리는 유행 같은 것으로 여겼기에 유통 기한이 짧았다.
그레고리오 알레그리의 〈미제레레〉나 헨델의 〈메시아〉처럼
시간이 흘러도 생명을 이어간 작품들이 없지는 않았지만
소수의 예외일 뿐이었다. 1727년에 초연된 바흐의 〈마태
수난곡〉조차 1740년대부터는 거의 듣기 어려웠고, 원래
연주되던 장소인 라이프치히 교회 밖에서는 전혀 연주되지
않았다. 1829년에 작곡가 펠릭스 멘델스존이 이 작품을
베를린 징아카데미 무대에 올리기로 한 것은 대담한
결정이었다. 위대한 음악은 당대만이 아니라 모든 시대를
위한 것이라는 새로운 관념을 표명한 사건이었다. 음악
작품이 영원불멸로 여겨지자, 영속적인 걸작들(또 나왔다)의
경전이 차곡차곡 쌓여간다는 생각이 싹트기 시작했다.
내가 이런저런 말로 설명하느니 그림13을 보자.

　　　콜의 상상도에서 특별히 음악과 관련되는 측면은
두 가지다. 첫째, 이 그림은 세계 최고 불멸의 건축
양식들을 한자리에 모았음을 암시하여 일종의 게이트키핑
역할을 한다. 음악의 경전도 이런 식으로 작동한다.

그림 13. 토머스 콜, 〈건축가의 꿈〉(1840). 영국 태생의 미국 화가 콜은
이 유화를 뉴헤이븐의 건축가 이시엘 타운을 위해 그렸다. 건축 일에
잠깐 몸담기도 했던 콜이 역사상 가장 뛰어난 양식이라고 본 이집트 양식,
그리스 양식, 로마 양식, 고딕 양식이 하나의 화폭에 담겨 있다. 모든
건물이 방금 지어진 것처럼 보인다.

비평가들과 역사학자들이 게이트키퍼 역할을 하여 후대의
작품이 경전에 들기 위해 충족해야 하는 기준을 제시한다.
둘째, 영속적인 가치를 구현한 음악 작품들은 불변의 실체를
가진 대상으로 기려진다. 19세기에 유럽 각지의 도시에서
인간의 위대함을 기리고자 세운 석조 기념비처럼 말이다.
여기서 우리는 음악에 관한 미적·철학적 사고와 연주 관행을
연관지어 생각할 수 있다.

모차르트의 피아노곡을 "인간의 표정과 행동을
담은 축소판 극장"이 되게 만들었던 음악적 재현의 체계로
다시 돌아가자. 이런 음악은 모차르트 시대에 어떻게
연주되었을까? 앨런브룩에 의하면 연주자들은 각기 다른

장소나 양식, 감정을 환기하는 여러 주제들을 서로 선명하게
구분했다. 그래서 "표정들의 현란한 콜라주"를 끌어냈다고
한다. 연주와 관련하여 늘 그렇듯 이를 뒷받침하는 직접적인
증거는 없지만, 이를 암시하는 디테일이 하나 있다.
악보에서 여러 음들을 묶어서 연주하도록 하는 표기, 바로
이음줄slur의 사용이다.

18세기 작곡가들은 피아노곡에서 짧은 이음줄을 많이
사용하여 개별 표정들의 연속을 나타냈다. 그러나
19세기가 되자 편집자들은 이런 표기를 매끈하게 다듬어
질서정연하게 만들었다. 경전 작품들을 자신들이
보기에 권위적이고 영속적인 형식으로 바꿔놓은 것이다.
다수의 짧은 이음줄을 소수의 긴 이음줄로 대체하여
악절의 구조를 따른 것도 그런 예였다. 모차르트 소나타에서
이런 예로 가장 유명한 곡은 앨런브룩이 "축소판
극장"이라고 묘사했기도 했던 F장조 소나타 K.332다.
19세기 판본들을 보면 하나의 이음줄이 네 마디에 이어진다.
이것은 1장에서 내가 20세기 주류 연주라고 불렀던 것의
레가토 양식에 해당한다. 로베르 카자드쥐(1940)에서
알리시아 데라로차(1989)에 이르기까지 피아니스트들이
현대 악기로 연주한 것을 들어보면 이런 마디들을 하나의
연속적인 악절로 묶어서 길게 노래하듯 흐르는 소리를 낸다.
모든 것이 반듯하게 펴져 있다. 표현이 강하게 드러나고
개인적인 해석이라기보다 평온하고 절제된, 어떻게 보면
고전음악다운 연주다.

하지만 고전주의 음악다운 연주일까? 1장에서 언급했던
모차르트 시대의 훨씬 가벼운 피아노로 연주하는

포르테피아니스트들은 이 소나타를 상당히 다른 방식으로 연주하는 법을 개발했다. 그들은 첫 네 마디에서 모차르트의 짧고 반복되는 이음줄을 부각하여 주류 연주자들이 하나로 길게 이어 연주하는 악절을 개별 표정들의 연속으로 쪼갠다(맬컴 빌슨은 이것을 탄식이라고 부른다). 네덜란드 포르테피아니스트 바르트 반 오르트의 2005년 음반은 이 악장에 나오는 각각의 주제들을 상당히 다르게 묘사하며—성격이나 음역을 이리저리 바꿔가며 앨런브룩이 말한 표정들의 현란한 콜라주를 만든다—무엇보다 템포를 계속해서 바꾼다. 벌어지는 상황과 무관하게 일관된 박이 이어지는 것이 아니라 마치 표정마다 고유의 템포를 갖는 것 같다. 디테일이 부각되는 연주다. 나는 모차르트 시대에는 음악을 이렇게 연주했다고, 모차르트 본인이 이렇게 했다고 말하는 것이 아니다. 고작 이음줄 몇 개로 그렇게 주장하는 것은 과하다. 하지만 포르테피아니스트들의 발상에 익숙해진 상황에서 K.332의 주류 연주를 다시 들으면, 마치 콜의 그림을 보는 기분이 든다. 기념비적인 음악, 건축물 같은 음악이다.

음악이 높은 곳에서 나오고 오로지 천재들만 여기에 접근할 수 있다는 19세기의 사고방식은 완전히 소멸되지 않았다. 작곡가가 번뜩이는 영감의 순간에 이상적이고 영속적인 실체로서 음악작품을 받아들게 된다는 관념은 지금도 남아 있다. 앤터니 피츠는 합창곡 〈사랑이 나를 환영했네*Love Bade Me Welcome*〉를 작곡했을 때를 이렇게 표현한다. "내가 곡을 쓰려던 때부터 이 곡이 완전하고 완벽하고 (적어도 내가 보기에) 말로 표현할 수 없을 만큼

아름답고 애끓는 모습으로 내 마음속에 분명히 존재했습니다.”
과거의 현존이 가장 강력한 영향력을 발휘하는 것은
연주에서다. 1장에서 나는 연주자가 작곡가의 작품과 청중
사이에 끼어들어서는 안 되며 자신의 존재를 지워야
한다는 견해를 언급했다. 이런 생각은 20세기 내내 막강한
영향력을 발휘했고 21세기까지도 사라지지 않았다.
19세기 말에 피아니스트 겸 지휘자 한스 폰 뷜로가 베토벤을
연주할 때 사람들은 뷜로가 아니라 오로지 베토벤만 느낄 수
있었다고 한다. 이는 대단한 찬사로 여겨졌다. (최초의
위대한 피아노 비르투오소 프란츠 리스트는 초견으로 연주할
때 연주를 가장 잘했다고 한다. 그러고 나서는 악보를
개선하려는 욕망을 자제하지 못했기 때문이다.)

고전음악과 관련한 과거의 많은 신화들이 그렇듯 이런
식의 이야기도 현실을 제대로 반영하지 않는다. 이제
고전음악 팬들 이야기를 하려고 한다. 리스트 같은
비르투오소들은 팝스타 같은 대접을 받았다. 젊은 여성들이
그의 앞에서 혼절했다. 비틀스에게 소리를 지른 비틀마니아는
그들의 후계자인 셈이다. 게다가 절대다수의 음악은
애초에 경전에 들려고 만든 것이 아니었다. 작곡가 자신의
기교를 과시하려는 곡이 많았다. 1830년대가 되면 피아노
테크닉이 가파르게 발전하여 기교 외에는 별 관심을 끌지
못했다. 그 절정은 1837년에 벌어진 리스트와 라이벌
지기스문트 탈베르크의 유명한 피아노 ‘대결’이었다(이런
관행은 재즈에도 남아 있으며 색소폰 연주자 덱스터 고든과
워델 그레이의 대결이 유명하다). 1장에서 언급했듯,
연주자와 여성이 거의 나오지 않는 전통적인 음악사 서술은

가끔은 가짜 뉴스에 맞먹을 만큼 선택적으로 작동한다.
게이트키핑이 이루어지는 것이다.

최근에 쓰인 다음 글들은 이와 같은 관점에서 읽어야
한다. "실황 연주를 듣는 일은 일반적으로 생각하는 것보다
연주자와 공연에 더 주목하게 만들고 작품에는 훨씬 덜
신경 쓰도록 한다." "우리가 통상 말하면서 짐작하는 것보다
악보가 담당하는 것은 훨씬 적고 연주자가 담당하는 부분은
훨씬 많다." 방금 인용한 문장을 쓴 캐럴린 어베이트와
대니얼 리치 윌킨슨을 비롯해 학계에 몸담은 필자들이
이토록 당연해 보이는 것을 여전히 소리 높여 말해야 한다는
사실에 주목해야 한다. 이에 더해 HIP가 남긴 긍정적 유산
가운데 달갑지 않은 측면이 있다. 다른 공연 예술과 달리
음악에서는 연주가 반드시 역사적 진정성을 목표로 삼아야
한다는 전제 말이다. 리치 윌킨슨이 말했듯이, 당연시되는
이 원칙은 음악원 시험관, 콩쿠르 심사위원, 음악회 기획자,
비평가가 게이트키퍼로 나서면서 강화된다. 그 결과
창조성을 질식시키고 학생이 스스로 결정을 내리려는 마음을
먹지 못하게 방해한다.

이 해로운 사고방식이야말로 고전음악 문화의 가장
시급한 문제인 음악회 청중 감소의 배경이다. 25년 전에
미국의 음악학자 로런스 크레이머가 이미 경종을 울린 바
있다. "이 음악은 곤란에 처해 있다. (…) 청중이 쪼그라들고
늙어가고 백인 일색이다." 왜 그런지는 쉽게 알 수 있다.
연주자가 자신의 존재를 지우고 음악 스스로 말하도록 해야
한다면, 그것은 청중을 끌어들이고 음악을 전달하며 즐겁게
해준다는 공연의 기본 개념과 충돌하는 것이기 때문이다.

그 결과 단조로운 연출, 무대 위의 경직된 동작, 과도하게
격식을 차린 무채색 의상이 공연의 규범이 되었다. 영향력
있는 고전음악 비평가 알렉스 로스는 "고전음악에서
제일가는 문제는 턱시도"라고 지적했다. 게다가 달갑지 않은
음악회 에티켓 문제도 있는데 이는 초보자를 위축시킨다.
일례로 다악장 작품에서는 아무리 감동에 겨워도 악장과
악장 사이에 박수를 쳐서는 안 된다. 이런 관습은 늘 그래온
것이 아니라 실은 1900년경에 시작된 것이며, 다른 청중이
눈총을 주어 단속한다. 음악회는 중산층의 배타성을
나타냈다. 실황으로 음악을 듣는 경험 가운데서 사람들과
어울리며 다양하게 즐기는 측면이 줄어들자 음반보다
별로 나은 게 없는 셈이었다. 많은 고전음악 애호가들은
차라리 음악을 집에서 듣는 게 낫겠다고 판단했다.

　1장에서와 마찬가지로 방금 나는 과거 시제로 설명했다.
크레이머가 글을 쓴 이후로 상황이 바뀌었기 때문이다.
HIP는 역사주의라는 달갑지 않은 유산도 남겼지만,
그 덕분에 무대에 올라오는 음악이 다양해지기도 했다.
고전음악 공연 기획자들이 프로그램의 빗장을 풀었다.
2019년 영국을 대표하는 음악회 시리즈 프롬스Proms[3]는
듀크 엘링턴의 종교 음악, 니나 시몬 추모 음악회,
라디오헤드의 리드 기타리스트 조니 그린우드의 관현악곡을
프로그램에 포함했다. 무대 연출에도 볼거리가 많아졌다.
예를 들어 시카고에서 활동하는 현대음악 앙상블 에잇스

95

3. BBC가 주관하고 런던 로열앨버트 홀에서 열리는 연례 클래식
　축제이다.

블랙버드는 연주하면서 동작을 함께 맞추며 록이나 팝
뮤지션들처럼 무대 전체를 활용한다. 고전음악 리사이틀에서
연주자가 (마치 재즈나 록 음악가가 그러하듯) 청중에게
다음 곡을 편안하게 소개하는 일이 갈수록 흔해지고 있다.
엄격한 드레스 코드도 느슨해져서 고전음악 공연장 분위기는
더 이상 과거처럼 위압적이지 않다.

96   하지만 이조차 크레이머가 고전음악에 빠져든 1960년대
초 뉴욕의 음악계 풍경과는 사뭇 다르다. 당시 음악이
선사했던 사회적 경험에 대해 그는 이렇게 말했다. "가장
생생한 당시의 기억을 꼽자면 여름밤에 도시 전역에서 온
각계각층의 사람들로 꽉 들어찬 스타디움에서 음악을 들은
것이다. 음향은 끔찍했지만 기쁨이 흘러넘쳤고, 요란한
박수 소리가 그칠 줄 몰랐다." 현재가 추억 속의 과거를 이길
수 없음을 감안하더라도, 고전음악 공연의 사교적 측면은
다른 음악 장르와 전통에 비해 아직 빈곤한 편이다. 우리가
물려받은 음악에 관한 사고방식 때문이다. 턱시도만의
문제가 아니다.

도전받는 작가의 위상

1800년 빈의 거리에서 지나가는 사람들을 아무나 붙잡고
지난 25년간 뛰어난 활약을 펼친 음악가들의 이름을 대라고
하면 뭐라고 했을까? 하이든, 모차르트, 베토벤을 댔을까?
그로부터 100년 뒤에 빈의 시민들은 자신들이 빈 모더니즘의
전성기(구스타브 말러와 아널드 쇤베르크가 활약했을 뿐만
아니라 쟁쟁한 문필가들과 화가들이 넘쳐나던)를 살고

있다는 걸 알았을까? 아마도 아닐 것이다. 가짜 뉴스만이
아니라 모든 역사가 취사선택 과정을 거친다. 일어난 일
가운데 대다수는 걸러지고 전체를 대표할 만한 일부를 취해
그럴듯한 내러티브로 만드는 것이다. 우리가 사는 시대에
가까워질수록 이야기를 만들기가 점차 어려워지는 것은
사실들이 너무 많고 그중 무엇이 중요한지 모르기 때문이다.
오늘날 어디서나 통용되는 인식, 즉 음악 문화가 심각하게
쪼개져 일관되고도 거대한 이야기를 할 수 없다는 것은 그냥
하는 말이 아니다. 실은 이런 인식 자체가 거대한 이야기다.
물론 다른 것도 있다. 서양에서 음악의 개념을 최근까지
규정했던 기본적인 미적 교리에서 벗어나 생활양식으로서의
음악이라고 부를 만한 새로운 개념이 부각되고 있다.
나는 여기서 그 이야기를 하려고 하는데, 이는 디지털 기술과
밀접하게 연관되므로 다음 장까지 이어질 것이다.

우선 음악적 모더니즘 이야기가 있다. 20세기 예술
전반에 걸쳐 있던 모더니즘 미학의 원칙을 따른 고전음악
전통은 끊임없이 극적인 변화를 이어갔다. 작곡의 관점에서
보면 무조(전통적인 조성을 따르지 않는 음악)가 있었고,
음렬주의(엄격한 음렬을 바탕으로 한 음악)가 있었고,
실험주의(전통을 거부하고 기본 원칙으로 돌아간 음악)가
있었고, 미니멀리즘(반복적이고 때로는 최면적인 패턴을
바탕으로 그루브 중심의 대중음악 장르와 결합한 음악)이
있었고, 그 밖에도 여러 운동이 있었다. 그리고 기존 양식에
따르느라 혁신을 크게 평가하는 역사책에는 이름을 올리지
못한 많은 작곡가들이 있다. 역사책은 20세기 고전음악
문화에서 큰 비중을 차지하는 일도 무시했다. 바로 이전 시대

음악을 연주하고 듣는 일 말이다. 앞서 보았듯이 연주 방식이 상당히 변화했고, 테크놀로지가 청취 관행에도 급격한 변화를 야기했다.

이런 혁신과 다양성에도 불구하고 모더니즘 음악 전통은 대체로 거의 똑같은 미적 원칙을 고수하며, 음악이 무엇이고 누구를 위해 존재하는지에 대한 기본 인식도 거의 동일하다. 고전음악의 팬 문화가 베토벤 이후로 꺾였다 하더라도 전반적으로 작곡가를 작가로 대접하는 문화적 경향은 여전히 뚜렷했다. 작곡가가 미적 관심의 중심을 차지했다. 혁신이 경선에 들기 위한 요건이었으므로, 전쟁 이후 아방가르드 단체들(내가 1장에서 언급했던 즉흥 앙상블을 포함하여)은 혁신에 집착했다. 진정성의 가치도 여전히 강고했다. 자신의 예술 원칙에 충실하다는 것을 많은 작곡가들이 소수의 열렬한 대중만이 이해할 수 있는 음악을 쓰는 것으로 이해했다. 어떤 이들에게는 이것이야말로 진정성의 증거였다. 1995년 BBC 프롬스의 마지막 날 무대를 위해 작곡한 〈패닉〉이 텔레비전으로 방송되고 나서 그의 음악을 이해할 수 없다는 불만이 전례 없이 쏟아지자 영국의 베테랑 작곡가 해리슨 버트위슬은 퉁명스럽게 대답했다. "나는 창조성이 협의의 대상이라고 생각하지 않습니다. 그것은 알아들을 줄 아는 자들을 위한 것입니다. 나는 청중을 책임지지 않아요. 레스토랑을 운영하는 것이 아닙니다."

음악적 모더니즘이 도래하면서 (시각 예술의 상황과는 딴판으로) 대중의 관심이 식어버린 것을 진정성에 지나치게 집착하여 음악의 경전에 드는 데만 신경 쓰고 청자가 원하는 바는 도외시한 작곡가들 탓으로 돌리기는 쉽다. 경전에 든 19세기 작곡가들도 진지했지만 흥얼거릴 수 있는 곡조와 신나는 리듬을 녹여 넣었잖아, 하면서. 하지만 작곡가 탓으로만 돌리는 이런 시각에는 완전히 수긍하기 어렵다. 일단 버트위슬이 한 말은 시대에 뒤떨어진 발언이었다. 20세기 마지막 몇십 년 동안 작곡의 진정성이라는 낡은 가치가 무너지고 새로운 절충주의와 실용주의가 주도권을 잡기 시작했다. 작곡가들은 차츰차츰 고음악, 대중음악, 월드뮤직, 아마추어 음악 등 다른 음악들과 손잡을 준비를, 오랫동안 이어져온 예술과 오락의 구별을 넘어설 준비를 했다. 2000년이 지나면서 새로운 음악이 콘서트홀에서 나와 술집, 클럽, 지하 주차장으로 진출했다. 하지만 이런 흐름이 소수의 열렬한 청중만이 즐기는 구도를 크게 바꾸어놓지는 못했다.

99

이번에도, 20세기 모더니즘의 등장으로 인해 대중의 관심이 줄어든 것은 크레이머가 이야기한 더 큰 침체의 일부일 뿐이다. 음악 내부의 문제 때문에 이렇게 된 것이 아니라 기술 변화, 대중문화의 부상, 해외여행 증가, 이민으로 인한 이주 공동체 형성 등이 주요 원인이었다. 1950년 이후 청년 문화가 발달한 것도 중요했다. 여기서 음악이, 특히 로큰롤과 이후의 수많은 파생 장르들이 결정적인 역할을 했다. 음악은 정체성의 표식인 동시에 배제의 수단이었다. 당시 대부분의 부모들이 로큰롤을 혐오했다는 데서 이를 확인할 수 있다. 이후 대중음악 장르가 끊임없이 확산되고 모습을 바꿔가면서 하위문화가 급속하게 생겨나 정체성과 배제의 정치를 수행했다. 이주 공동체에서도 음악은 정체성의 표식 역할을 했다. 일례로 방그라bhangra는 인도 북부 펀자브 지방에서 유래한 것이지만, 영국-펀자브 하이브리드 장르로 재빠르게 발달했다. 서양 전역에서 정체성 문제를 축으로 한 이런 요인들이 음악 문화의 폭발적인 성장을 이끌었다.

음악을 바흐에서 브람스까지라고 정의해도 무방했던 19세기에 비해 고전음악 청중이 쪼그라드는 것은 불가피했다. 그리고 전후에 등장한 록과 팝 뮤지션 세대가 나이 들면서, 반항아로 여겨졌던 이들이 성공한 고전음악가늘처럼 주류 체제의 일부로 합류했다. 일례로 밥 딜런이 전후 대중음악에서 보인 활약은 고전음악 모델로 거의 이해할 수 있다. 베토벤처럼 여기서도 예술가에게 개인적으로 헌신하고 동일시하는 현상이 벌어졌다. 맨체스터 콘서트에서 소란을 피운 사람은 딜런이 그런 헌신을 저버렸다고 말한 것이었다. 경전 개념도 동일하다.《뉴욕 타임스》는 딜런의 1966년 투어(맨체스터 콘서트를 포함하여) 실황을 모두 담은 36매짜리 CD 박스세트가 나왔을 때 "기념비적인 집대성"이라고 했다. 딜런은 1988년 로큰롤 명예의 전당(오하이오주 클리블랜드)에 입성했다. 한편 2016년 노벨 문학상 수상으로 그의 경전의 지위가 음악 너머로 확장되었을 때는 무엇에 관한 수상인지를 두고 논쟁이 일었다.

오늘날 대중음악의 형세는 여러 면에서 다르다. 무엇보다 남성 일색이던 록 선구자들과 달리 현재 정상의 인기를 누리는 아티스트 가운데는 여성(비욘세, 리아나, 아리아나 그란데 등)의 비중이 몰라보게 높아졌다.

선구자들의 세대 이후로 달라진 게 없어 보일 때에도 그 안의
의미는 달라지곤 한다. 비욘세를 보자. 그녀는 현재 로큰롤
명예의 전당에 입성할 자격이 못 되지만(첫 음반을 발매하고
25년이 지나야 고려의 대상이 된다) 이미 기념비적인 존재로
추앙되고 있다. 2014년 명예의 전당 박물관에 비욘세의
물품을 전시했을 때 큐레이터는 이렇게 설명했다. "우리는
비욘세가 아레사 프랭클린, 슈프림즈, 재니스 조플린과
어깨를 나란히 하는 자리를 차지해야 한다고 봅니다." 진정성
문제도 있다. 2013년에 비욘세는 애슐리 심슨과 같은
순간을 맞았다. 버락 오바마의 두 번째 취임식에서 미국 국가
〈별이 빛나는 깃발〉을 립싱크로 불러 속임수라는 비판을
받은 것이다(그녀는 제대로 준비할 시간이 없었다고
설명했다). 하지만 진정성 논란은 이제 음악보다는 인종을
중심으로 벌어지는 것 같다. 2008년 비욘세가 화장품 회사
로레알의 광고 촬영을 할 때 피부톤이 밝게 보인다며 논란이
일었다. 더 최근에는 아리아나 그란데도 비슷한 일을 겪었다.
이탈리아계인 그녀가 무대 안팎에서 피부를 갈색으로
태우고 아프리카계 미국인 영어를 사용하는 것을 두고
비난이 쏟아졌다. 이런 논란에서 관건은 문화 소유권이다.
다양한 문화들이 얽히고설켜 대중음악의 토대가 되므로
이런 문제는 늘 민감할 수밖에 없다.

젠더 문제도 이에 못지않게 핵심적이다. 나는 록의
토대를 세운 사람들이 베토벤 식의 위대함 모델로 얼마든지
설명된다고 말했고, 20세기 록스타들의 남성적 문화는
종종 노골적인 여성혐오를 보이는 힙합으로 이어진다고
본다. 나는 또한 역사는 위인이 만들어간다는 관념과

그림 14. 카스파어 클레멘스 춤부슈 작, 빈의 베토벤광장에 있는 베토벤 기념 동상(1880). 녹음이 우거진 광장에 세워진 이 청동상은 고전적인 조각상들로 사방을 둘러싸 장식한 위풍당당한 받침대 위에 앉아 지나가는 사람들을 내려다본다.

베토벤을 연결하기도 했다. 그림 14는 그와 같은 관점에
내재한 남성성 숭배를 여실히 보여준다. 창조성을 이렇게
젠더와 결부하는 경향은, 여자는 작곡하려고 해서는
안 된다는 클라라 슈만의 믿음에서 보듯 대단히 배타적으로
작동한다. 아울러 고전음악의 스타 문화를 떠받치는
축이었던 작곡가와 동일시하는 감정을 낳았다. 스타와
동일시하고 친밀하게 다가간다는 관념은 오늘날의
대중음악에도 여전히 깊게 각인되어 있지만, 꽤 다른 모습을
띤다. 여기에는 유명인celebrity에 열광하는 문화가 크게
작용한다. 사회학자 조 리틀러는 유명인에 대해 말하기를
"거리감이 느껴지고 화려해 보이는 슈퍼스타의 외관 '뒤에'
있다고 하는 '진짜' 인간의 모습에 독점적으로 다가갈 수
있다고" 내세우며 언론 매체가 구축하는 것이라고 한다.
리틀러의 언어와 작은따옴표가 보여주듯 정체성 자체가
외양과 연상을 조작하여 만든 미디어 산물이 되었다.
비욘세와 그란데가 피부색을 조작한 것이 단적인 예다.
유동적인 정체성과 원하는 모습을 스스로 만들어가는 것을
강조하는 경향은 음악을 생활양식으로 삼는 문화로
이어졌다.

　　　베토벤 식의 탁월한 창조성 모델이 노골적으로 남성성을
편드는 것과 달리, 유명인 모델은 여성과 유색인에게도
얼마든지 열려 있다. 하지만 그 모델이 제공하는 동일시와
친밀감은 자주 성적 대상화 등 대상화의 형태를 취하며
궁극적으로 한계가 뚜렷하다(그림 15). 여성을 주체적인
작가로 보기보다 산업의 꼭두각시로 여기는, 오래전부터
이어져온 경향을 영속화하는 것이다. 여성이 이런 한계를

극복할 수 없다고 말하는 것은 아니지만, 그러기 위해서는 집요하게 관습에 도전해야 한다. 특히 비욘세는 창작자로서 자기 작품을 엄격히 통제하기로 유명하다. 이를 잘 보여주는 2016년 앨범 〈레모네이드〉는《빌보드》지로부터 "흑인 페미니즘의 혁명적 작품"이라는 찬사를 들었고, 이에 대해 그녀는 "우리의 고통, 우리의 투쟁, 우리의 어두움과 역사에 목소리를 부여하는 작품"을 만드는 것이 자신의 목표라고 밝혔다. 여기서 '우리'라는 말로 가리키는 것은 흑인 미국인 여성들이 겪은 삶이다. 비욘세는 2018년 코첼라 밸리 뮤직 앤드 아즈 페스티벌 무대에서 공연하던 중 "코첼라, 나를 첫 번째 흑인 여성 헤드라이너로 서게 해줘서 고마워요"라고 말해 또다시 인종을 언급했다. 비욘세의 코첼라 무대를 보도한《하퍼스 바자》는 유명인에 대한

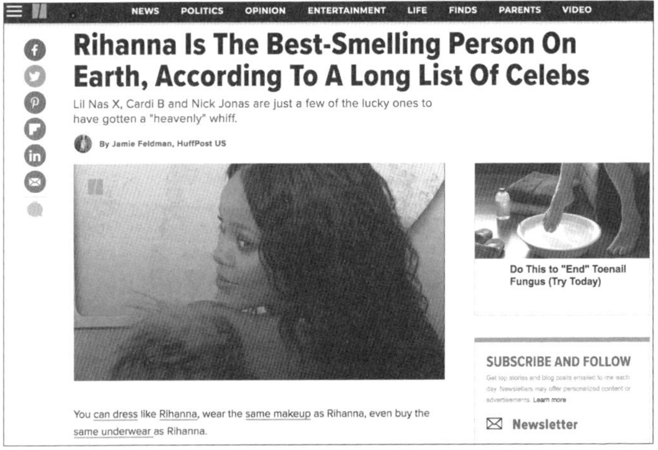

그림 15. 2019년 7월 25일, 온라인 뉴스 웹사이트 〈허핑턴 포스트〉에 실린 기사.

고정관념을 강화했다. "캐주얼 스포츠웨어에서 완벽한
왕족의 예복에 이르기까지 그녀가 걸친 의상에서 보듯
비욘세가 가진 개성이 모든 면에서 드러났다." 하지만
비욘세가 탐구하는 정체성 문제는 그보다 조금 더 깊게
들어간다.

스타에게 친밀하게 다가간다는 오래된 관념은 이런
형태로 남아 있지만, 이제 달라진 가치 체계가 그 밑바탕을
이룬다. 내가 대중음악의 새로운 형세라고 말하는 의미가
이것이며, 이는 음악만큼이나 사회 및 문화 전반과도 관계가
깊다. 서양 문명의 고급문화를 표현한다는 고전음악의
역사적 위상 뒤에는 남성성, 백인성, 위대함, 국가의 운명,
식민주의 질서, 현재 상태가 계속 유지된다는 확고한 믿음에
기반한 미래관 등 뒤얽힌 관념들이 있었다. (이런 가치들은
춤부슈의 베토벤 기념 동상에서도 읽을 수 있다.) 이 모든
것은 오늘날 음악이 처한 파편화, 문화 다원주의, 불확실한
미래 세계와는 완전히 딴판이다. 이런 세계에서는 모든
음악이, 심지어 비욘세·리아나·그란데의 음악조차 틈새를
차지할 뿐이다(상대적으로 큰 틈새이긴 하다). 고전음악을
옹호하는 이들은 음악가들이 대중적 인기와 유명인 지위를
얻은 드문 경우를 강조하는 경향이 있다. 1990년 피파
월드컵에서 공연하고 나서 큰 인기를 누린 '스리 테너'처럼
말이다. 하지만 고전음악을 그런 식으로 정당화하려는
시도는 시계를 거꾸로 돌릴 수 있다는 비현실적인 기대를
품는 꼴이다. 그보다는 고전음악이 수많은 틈새로 가득한
음악 세계에서 틈새 하나를 차지한다고 인정하면서, 뛰어난
완성도를 달성하고 애호가들의 열의를 끌어낸다는 사실에

기뻐하는 편이 더 온당하다. 고전음악은 틈새 문화이고, 갖가지 문제가 있다 해도 성공적인 틈새 문화다.

지금까지 나는 생활양식으로서의 음악이라는 개념이 갖는 한 가지 측면에 대해서만 이야기했다. 하지만 여기에는 음악 내부에서 추동되는 부분도 있다. 이와 가장 직접적으로 연관되는 19세기 음악 전통은 단연코 오페라다. 오페라는 1900년 이후로도 서양 고전음악 전통 내에 계속 머물렀지만, 많은 오페라 작곡가들이 영화음악 분야에서 일하기 시작했다. 특히 1930년대에 유럽 독일어권 국가에서 미국으로 건너간 유대인 작곡가들의 역할이 컸다. 때마침 유성영화가 등장했고, 할리우드는 20세기를 대표하는 예술 형식으로 세계를 지배할 태세를 갖추었다. (발리우드가 그 뒤를 바싹 좇고 있지만 이름을 따온 것에서 보듯 위상은 다르다.) 1934년 미국으로 이민하기 전에 빈에서 오페라 작곡가로 성공했던 에리히 볼프강 코른골트 같은 선구자들만을 말하는 것이 아니다. 할리우드 작곡가들이 음악 혼자서 끌어가는 것이 아니라 다른 매체와 통합되어 내러티브를 창조하는 오페라, 특히 바그너의 음악극에서 음악적 언어를 차용했다는 사실이 중요하다.

영화에서는 텔레비전, 비디오게임 같은 이후의 멀티미디어 장르와 마찬가지로 본질적으로 창작 주체가 나뉜다. 이런 분야에서 곡을 만드는 작곡가는 대본작가, 영화감독, 비디오게임 개발자와 함께 일하며, 이들 사이에서 창조적인 아이디어가 자유롭게 오간다. 이렇듯 협업의 맥락에서는 작곡가 특유의 스타일, 자기표현, 진정성이라는 전통적인 관념—작곡가가 미적 중심에 놓인다는 생각—이 점차 주변부로 밀려난다. 모리스 자르, 존 윌리엄스, 한스 짐머의 영화음악조차 작곡가가 말을 걸어오는 것으로 들리지는 않는다. 이때 음악은 다층적인 서사를 이루는 한 가지 차원일 뿐이다. 이 사실은 영화음악과 미디어 음악, 라디오나 텔레비전을 제작할 때 배경으로 쓰이는 라이브러리 음악 등에만 국한되지 않는다. 최근 들어 신경망과 인공지능을 활용한 컴퓨터 음악이 발달하면서 작가가 누구냐는 질문은 그저 중요하지 않은 것이 아니라 답할 수 없는 것이 되어가고 있다. 고전음악 전통에서 미적 범주가 작가의 존재와 그 바탕에 있는 가치를 중심으로 돌아간다는 것을 생각할 때, 오늘날 우리가 음악의 본질에 대한 고전음악 전통의 가정에서 벗어나 음악을 생활양식으로 삼는 방향으로 나아가도록 만드는 서로 연계되면서 대대적인 파급력을 갖는 세 가지 추동력 가운데 첫 번째로 나는 이것을 꼽겠다.

두 번째 추동력은 관련 기술에서 나온다. 19세기 말에 개발되었고 20세기에 이르러 상업화된 녹음 기술이다. 영화와 마찬가지로 음반도 1920년대에 폭발적으로 성장하여 음악 소비의 주요 양태가 되었다. 단순히 통계로만 보면 이때부터 대부분의 사람들에게 음악이란 녹음된 음악을 가리키게 되었다. 일부 보수적인 평자들은 녹음이 진품인 실황 연주의 가짜 대용물에 불과하다고 주장했다. 묘하게도 음악 산업도 이런 인식 속에서 돌아가는 것 같았다. 그들은 제조 기술과 광고에서 모두 하이파이(고충실도) 재생을 강조했다. 음악회 경험을 최대한 충실하게 가정에 전달하겠다면서 말이다. 그림 16이 그 증거다. 유명한 광고

그림 16. 1914년경의 에올리언 보칼리언 그라모폰 광고. 천사들이 함께 연주하고 있는 그림 12와 배경의 모습이 비슷하다.

문구가 "콘서트홀의 최고 좌석"을 여러분에게 약속한다. 이 모든 것은 기존의 오래된 사고방식에 따른 것이다. 즉 연주자가 작곡가의 작품을 재현했듯이 녹음이 연주를 재현했다는 것이다. 실제로 초창기에 청자들은 음반을 들으며 이를 작품의 재현으로 여겨 연주자는 무시하기도 했다. 어느 쪽이든 충실도가 핵심 개념이었다. 기술은 작곡가를 작가로 보는 전통적인 관점에서 받아들여졌다.

하지만 녹음 스튜디오에서는 다른 일이 벌어지고 있었다. 두 가지 결정적인 기술 혁신이 있었다. 우선 자기磁氣 테이프 녹음이 1950년 무렵에 발명되어 녹음된 테이프를 (말 그대로 면도날을 사용하여) 자르고 어떤 순서로든 이어붙일 수 있게 되었다. 1960년대에는 멀티트랙 녹음이 등장했다. 하나의 테이프에 최대 32개까지 별도의 트랙을 담을 수 있었으므로, 한 번에 모든 것을 다 녹음하는 것이 아니라 트랙마다 따로 녹음하여 더하는 식으로 작업하는 일이 가능했다(예컨대 드럼 트랙을 들으며 베이스 트랙을 그 위에 얹고 다른 것을 또 얹는 식이다). 이렇게 하면 실황 음악의 소리를 재현하는 것만이 아니라 새로운 요소를 더해 한계를 확장할 수 있었다. 퀸의 〈보헤미안 랩소디〉의 촘촘하고 복잡한 스튜디오 녹음이 그런 예다. 프레디 머큐리가 녹음을 주도했고, 다른 뮤지션들은 그가 무슨 생각을 하는지 모르고 그저 자신의 트랙을 녹음했을 따름이다. 나중에 콘서트에서 〈보헤미안 랩소디〉를 연주할 때는 음반과 같은 수준의 정확성을 재현하는 것이 불가능했으므로 단순하게 편곡해야 했다.

더욱 복잡한 예도 있다. 오페라계에서는 1960년경에

영국 프로듀서 존 컬쇼가 바그너의 〈니벨룽의 반지〉 전곡을
녹음했다. 그는 스테레오를 활용하여 무대 위 인물들의
위치를 전달했다. 더 큰 목표도 있었다. 오페라 극장에서
들을 수 있는 청각적 경험을 재현하는 것이 아니라 그곳에서
경험할 수 있는 감정들을 다른 수단으로 재구성하려고
했다. 또다른 예는 녹음 스튜디오를 위해 무대를 포기한
최초의 피아니스트 글렌 굴드다. 그는 스테레오 음장音場에서
마이크 설정과 배치를 달리하여 음악의 구조를 드러내고자
했다. 그러니 그가 내놓은 해석은 연주와 녹음이 합쳐진
새로운 종류의 것이었디. 컬쇼와 굴드 모두 기술을 이용해
녹음 매체만이 줄 수 있는 새로운 청취 경험을 창조했다.
그리고 두 사람 모두 미래에는 소비자들이 녹음된 음악을
자신의 취향이나 기분에 맞게 활용할 수 있도록 기술이
발달하리라 예언했다. 생활양식으로서의 음악을 미리 내다본
것인데, 이 예언은 디지털 기술 발달로 마침내 실현되었다.

　　음악과 생활양식을 가장 끈끈하게 만든 것은 사람들이
음악을 소비하는 방식과 장소의 급격한 변화였다(이것이
내가 말하는 세 번째 추동력이다). 19세기에 오페라와
교향곡은 오페라 극장과 콘서트홀이라는 공공장소에서
연주되었다. 20세기에 라디오와 그라모폰이 등장하여 음악을
가정으로 끌고 들어왔다. 사람들은 음악을 들으며 서로
어울렸지만, 나중에 개발된 고성능 헤드폰이 음악을 혼자서
몰입해 듣는 경험으로 바꿔놓기도 했다. 한편 트랜지스터
라디오와 게토블래스터는 음악을 야외에서 소비하도록
해줬고, 1979년 (카세트테이프를 넣어 이어폰으로 듣는)
소니 워크맨이 세상에 나오면서 걷고 조깅하고 자전거를

타는 동안 음악을 들을 수 있게 됐다. 사람들의 일상생활에
사운드트랙이 더해지는 순간이었다. 새로운 청취 방식은
새로운 장르 발달을 이끌었다. 브라이언 이노는 1978년
《앰비언트 1: 공항을 위한 음악》이라는 앨범을 발매하여
앰비언트ambient 음악을 창시했고, 닥터 드레(안드레 영)는
특별히 자동차 안에서 듣기 좋은 지펑크G-funk라는 힙합
장르를 만들었다. "믹싱한 다음 내가 가장 먼저 하는 일은
자동차 안에서 어떻게 들리는지 알아보는 겁니다." 그의
말이다.

콘서트홀 문화의 의식儀式이 극단적으로 갈라놓은
음악과 일상의 거리감은 이런 식으로 음악이 점차 사람들의
개인적인 환경에 스며들면서 소멸했다. 하지만 이런
발달은 디지털 기술이 일으킨 변혁의 전주곡에 불과했다.
이 이야기는 4장에서 계속 이어가자.

4장

음악 2.0

음악이 자연스럽다는 관념은 역사가 오래되었지만, 여기서는 18세기 정치 사상가이자 작가였고 종종 작곡도 했던 장 자크 루소에서 시작할 것이다. 그에게 '자연스럽다'는 말은 선율적이고 노래로 부를 수 있고 표현력이 풍부하다는 뜻이었다. 그 예로 그는 당대 이탈리아 음악을 꼽았다. 과하게 인위적이고 복잡한 프랑스 음악과는 정반대라는 이유였다. 음악은 단순하면서도 가슴을 울려야 한다는 루소의 믿음은 당시 싹트던 음악적 진정성 개념으로 흘러들어갔고, 두 세기 뒤에 피가니니와 라이 쿠더가 벽장에서 만났을 때에도 그 영향력이 시들지 않았다. 자연스러움에 대한 관념은 밥 딜런의 1966년 콘서트를 방해했던 사람과도 연결된다. 요컨대 딜런이 자연스러운 어쿠스틱기타를 포기함으로써 배신을 저질렀다는 것이다.

　악기에서 기술의 역할은 명백하다. 피아노의 경우 목소리로는 도저히 할 수 없는 일을 가능하게 한다. 예컨대 재빠르고 흥얼거리기 어려운 분산화음 음형을 내고 여러 선율을 동시에 연주하여 한 사람이 완전한 앙상블을 빚어내는 것이 가능하다. 한편 기술은 은밀한 역할도 한다.

내가 2장에서 말했듯이 신체와 악기가 결부되어 마음을
확장하면, 악기가 물리적으로 존재하지 않아도 악기를 통해
생각하고 듣는 것이 가능하다. 기보의 기술도 마찬가지다.
혼자서 노래할 때조차 악보는 여러분이 성대에서 어떻게
소리를 낼지 생각하는 데 영향을 미친다. 오페라 발성이 좋은
예다. 이것은 생물학적으로는 자연적인 것이지만 문화의
관점에서는 대단히 인위적이다. 많은 시간과 돈을 들여
훈련한 목소리니 말이다. 그리고 앞서 보았듯이 20세기에
크루너들이 더 자연스러운 발성을 개발했을 때 그것을
가능하게 한 것은 마이크로폰이라는 새로운 기술이었다.
이렇게 인위성·기술·문화는 서로 얽혀 있으며, 문화가
없으면 음악도 없다. 그저 소리일 뿐이다. 내가 음악이
자연처럼 행세하는 인위적인 것이라고 말하는 이유가 바로
이것이다.

요컨대 기술은 음악에서 빠뜨릴 수 없는 차원이며,
디지털 기술은 가장 최근에 나타난 기술일 뿐이다. 그렇다면
음악과 디지털 기술은 어떤 식으로 연결될까? 답은 소리를
매체에 담아두는 방식에 있다. 물리적으로, 소리는 고막에
닿는 연속적인 압력파로 구성된다. 디지털 이전인 아날로그
녹음을 보면, 바이닐판LP은 소리를 나선형으로 파인
500미터 길이의 홈 안에 고점hill과 저점valley의 형태로
담아둔다. 이것을 재생하면 턴테이블의 바늘이 홈을 따라
위아래로 움직인다. 이런 연속적인 움직임이 스피커를 통해
전달되어 원래의 압력파를 재현한다. 이와 달리 디지털
소리는 압력파를 잘게 쪼개(CD의 경우 초당 4만 4100회)
샘플을 추출한다. 디지털 음향 파일은 각 샘플의 강도에

해당하는 숫자들의 거대한 집합이다. 소리를 숫자로 변환하고 파일을 재생하면 숫자가 다시 소리로 변환되는 이러한 과정 안에서, 소리는 그저 한 가지 데이터 양식이 된다. 컴퓨터로 이것을 다른 데이터와 마찬가지로 조작하고 저장할 수 있다. 디지털 음향 파일은 그저 연속적인 숫자의 집합일 뿐이므로 품질 저하 없이 얼마든지 복제될 수 있다(아날로그 녹음은 복제할 때마다 불가피하게 질적 저하가 일어난다). 이런 단순한 원리가 디지털 음향 기술의 토대이다.

디지털 오디오는 1982년에 CD와 재생기가 판매되면서 시장을 강타했다. 소비자들은 곧바로 이 포맷에 매료되었다. CD는 LP처럼 쉽게 긁히지 않았고 먼지를 제거하는 의식을 치를 필요도 없었다. 원하는 트랙을 찾기가 한결 편했고, 일정치 않은 회전 속도로 인해 소리가 울렁이는 일도 없었다. 하지만 그 이면에서는 아날로그 오디오가 디지털로 넘어가는 과정이 여러 해에 걸쳐 단계적으로 이루어졌다. DAT(디지털 오디오 테이프) 레코더는 여전히 테이프를 사용했다. 다만 테이프에 저장하는 것이 디지털 음향 파일일 따름이었다. 테이프는 나중에 가서야 하드디스크나 다른 데이터 저장 장치로 대체되었다. 아날로그 기기들을 대체한 디지털 멀티트랙 레코더와 믹싱 데스크는 예전 모델을 바탕으로 하되 새로운 특징을 선보였다. 음악 제작은 갈수록 DAW(디지털 오디오 워크스테이션)에 기댔다. DAW란 쉽게 설명하자면 전용 음악 소프트웨어와 하드웨어를 갖춘 고성능 컴퓨터다. 오늘날에도 디지디자인에서 나오는 〈프로 툴스〉 같은 녹음용 플러그인 소프트웨어는 리버브,

딜레이, 디스토션, 보코더 등 앞서 나온 아날로그 기기의
특징을 흉내 낼 수 있다. 아날로그의 과거를 디지털의 현재가
조금씩 덮어썼다.

　　이제 내가 3장에서 시작했던 멀티트랙 녹음 이야기를
이어가보자. 멀티트랙 녹음의 기본 원칙은 마이크를 악기나
가수 옆에 바짝 붙여서 울림이나 불필요한 소리 없이
'말끔하게' 각각의 트랙을 녹음하는 것이다. 이런 트랙은
별도로 처리할 수 있다. 디지털 기술은 음향을 다듬고 변형할
수 있는 가능성을 대폭 확장한다. 오류를 감지하면 음정
보정이나 양자화quantization(음들을 바에 딱딱 맞추는)를 통해
고칠 수 있으며 입술소리나 숨소리를 제거할 수 있다.
이렇게 신체의 흔적을 지움으로써 디지털 패션 사진 속
완벽하게 보정된 피부와 같은 소리를 얻게 된다. 프로듀서
스티브 새비지는 이것을 "현대사회가 제모, 탈취제 등에
집착하는 현상"에 빗댔다. 소리는 디지털 필터링을 거쳐
세공할 수 있고, 잔향과 스테레오 위치를 조정하면 특정한
음악 요소를 부각해 콘서트에서 들을 수 없는 생동감 있는
소리나 현실에 존재할 수 없는 음향 공간을 만들 수 있다.
이것은 컬쇼와 굴드가 개척했던 녹음 매체 특화 경험이다.
이제 이를 디지털 기술이 주도하고 있다.

　　지금까지 나는 스튜디오에서 작업하는 팝 음악에 대해
이야기했다. 똑같은 디지털 방식이 고전음악 녹음에도 (다만
더 신중하게) 사용된다. 비록 업계에서는 "콘서트홀의 최고
좌석"을 여러분에게 선사한다고 계속해서 말하지만 말이다.
2007년에 출간된 책에서 음악학자 애덤 크림스는 그즈음
발매된 카를 필리프 에마누엘 바흐(요한 제바스티안의 셋째

아들)의 오르간 협주곡 음반 이야기를 했다. "바짝 붙인
마이크 배치, 공간감을 살린 스테레오, 소리가 풍부하게
울리는 공간" 덕분에 "각 악기가 펼치는 활동이 전례 없이
세밀하게 귀에 쏙 박히는" 경험을 했다고 한다. 이와 달리
똑같이 소리가 풍부하게 울리는 공간이 어나니머스 4의
중세 음악 음반에는 다른 영향을 미쳐, "목소리들이 신체의
흔적을 잃고 영묘하게 떠도는 느낌"을 주었다. 실황
공연에서처럼 음악이 한 가지 출처에서 나오는 것이 아니라
사방에서 나오는 것 같다. 이것은 현실공간이 아니라
가상공간에 존재하는 소리다.

크림스는 이 모든 것을 현대 도시 생활을 이루는 건축 및
인테리어와 연관시킨다. 이런 새로운 세상에서는 "실내
공간의 분위기를 규정하고 디자인하는 것이 클래식 음반의
기능"이라고 말한다. 그는 반대로도 설명한다. "도시 생활을
위한 인테리어 디자인은 이제 음향 설계까지 포함하여
'생활양식'의 핵심으로 인식되는 다른 소비재들과 묶여
소개된다." (그는 뉴욕 소호 지역의 '다락방 생활양식'을 예로
든다.) 크림스는 2000년 무렵에 이런 음반들 몇몇이
발매되는 것을 보고 틈새 유행으로 여겼지만 현실은 그
이상이었고, 당시에 이런 접근 방식이 고전음악에서
점차 주류로 자리 잡아갔다. 녹음은 실황 음악의 충실한
재현을 여전히 장점으로 내세웠지만, 사실주의를 넘어서고
있었다. 진짜보다 더 진짜 같은 것을 만들고 있었다.

디지털 기술이 가장 급격한 변화를 몰고 온 분야는
3장에서 내가 말한 세 번째 추동력, 바로 개인의 음악
소비다. 출시된 제품들로 이 이야기를 해보자. 아날로그

소니 워크맨은 디지털 부문에서 애플 아이팟으로
재탄생했다. 2001년에 판매를 시작한 아이팟은 개인이
모은 MP3 파일을 언제라도 들을 수 있게 해주었다.
2007년에는 아이폰 같은 스마트폰이 등장하면서 인터넷에
올라온 모든 음악 자료를 언제 어디서나 접할 수 있게
됐다. 이때부터 스마트폰 기술은 개인화된 청취의 새로운
차원을 열었다. 앱 형식으로 음악을 출시하는 것이 그런
예다. 초창기에 나온 비요크의 《바이오필리아》(2011)는
부가 자료를 제공하고 게임하듯 음악과 상호작용하도록
했다. 고전음악에서는 스티븐 허프가 앱으로 출시한
《리스트의 B단조 소나타》(2013)가 있다. 음악 앱의 영역은
음반에 한정되지 않는다. 〈오그먼트Augment〉라는 앱은
음향 환경을 각자의 생활양식이나 기분에 맞추도록 해준다.
예컨대 사람들 목소리 톤을 여러분이 듣는 음악에 어울리게
오토튠으로 조정할 수도 있고, 귀에 거슬리는 소리를
걸러낼 수도 있다. 웹사이트의 설명은 이렇다. "여러분의
청취 환경을 조화롭게 만들어 산만함과 스트레스를 줄이도록
도와줍니다."

　　MP3 플레이어와 스마트폰 기술이 결합하여 2007년
이후로 새로운 가능성이 열렸듯이 MP3 다운로드에서
스트리밍으로 넘어간 흐름도 마찬가지였다. 물리적 대상은
없지만 그래도 데이터를 소유하는 다운로드와 달리
스트리밍은 음악을 소유하는 것이 아니다. 마스터 트랙이
클라우드 기반의 서버에 있고, 그때그때 요청에 따라
웹을 통해 소비자에게 즉시 전송된다. 넷플릭스와 같은
방식이다. 록 비평가 로버트 크리스트고의 말처럼

“스트리밍은 (…) 음악이 쓰고 잠글 수 있는 수도나 전기 같은 것이라는 착각을 불러일으킨다. (…) 이로써 음악은 한 번 쓰고 버리는 것처럼 보이게 되었다.” (그림 13의 관점과 정반대라고 할 수 있다.) 스트리밍 서비스는 방대한 음악 자료와 원하는 음악을 찾도록 도와주는 검색 도구에 더해 특정한 상황이나 목적에 맞는 재생 목록도 제공한다. 아울러 우리가 원하는 줄도 몰랐던 음악을 발견할 수 있게 추천 시스템도 갖추고 있다. 2000년대 초부터 개발된 추천 시스템(예컨대 ‘판도라뮤직’이나 ‘라스트에프엠’)은 현재 업계 최강자 ‘스포티파이’ 등 방대한 스트리밍 서비스와 결합해 소비자의 청취 습관을 대대적으로 바꾸었다.

음악 추천은 모든 사람에게 맞춤식 라디오 방송을 해주는 것과 같다(라스트에프엠의 이름, 그리고 스포티파이의 라디오 기능이 만들어진 이유다). 전통적인 라디오 프로그램 구성과 비슷하다고 할 수도 있을 것이다. 재생 목록이라는 개념이 바로 거기에서 나왔으니 말이다. 그러나 공략 대상은 콘서트 청중이나 라디오 청취자가 아니라 바로 ‘나’이다. 음악 추천 시스템은 나의 개인적인 취향을 기반으로 돌아간다. 청취 패턴이나 음악 콘텐츠를 분석하여 내 취향을 파악한다. 인간 큐레이터의 역할을 계속 밀고 나가는 서비스도 있고, 프로그래머가 개발한 알고리즘의 정교함을 이용하는 (그리하여 큐레이터를 실직으로 몰고 가는) 서비스도 있다. 하루 중 언제 어디서 음악을 듣는가 하는 청취 맥락이 추천에서 갈수록 중요한 요인으로 작용한다. 이 글을 쓰는 동안 알게 된 최근의 개념으로 감정 추천이라는 것이 있다.

사용자의 셀피 사진을 분석하여 현재 기분이 어떤지 알아낸 다음 거기에 어울리거나 기분을 전환할 음악을 골라준다.

자신을 돌보는 일이 생활양식으로서의 음악에서 갈수록 중요한 측면임을 보여주는 대목이다. 일찍이 1948년에 세계보건기구는 '웰빙'을 그저 질병이 없는 상태가 아니라 긍정적인 상태로 정의했다. 최근 수십 년 동안 음악, 건강, 웰빙이라는 키워드를 중심으로 새로운 분야가 발달했다. 지역 공동체 예술과 일반인 합창 운동 같은 의제가 호응을 얻으면서 사람들을 통합하고 서로 끌어안고 정체성을 다지고 기분을 다스리노록 돕는 음익의 능력이 주목받았다. 주의산만과 스트레스를 피하도록 돕겠다던 〈오그먼트〉의 약속은 익숙한 영역을 새롭게 활용하는 예이다. 코로나 대유행이 시작되던 2020년 4월에 스포티파이가 새롭게 선보인 기획인 '데일리 웰니스'("당신을 위해 아침과 저녁마다 올라오는, 음악과 팟캐스트의 세심한 큐레이션")도 마찬가지다. 스포티파이에 올라오는 수많은 슬픈 음악 재생목록은 감정을 다루는 도구로 음악을 활용하는 오랜 관행의 최신 사례다. 여기에 디지털 기술은 또 하나의 차원을 더한다. 스트리밍 서비스는 개인의 청취 이력을 추적하니, "지난 몇 주 동안 내가 무엇을 들었는지 돌아볼 수 있다. 심지어 블로그에 올린 글이나 코딩 작업 결과를 다시 보며 그때 들었던 음악을 머릿속에서 되살릴 수도 있다." 이 인용문은 스스로를 "강박적인 자기 추적자"라고 소개하는 마크 코스터의 블로그에서 가져온 것이다. 그는 자신이 먹은 것, 운동한 것과 더불어 들은 것을 모조리 세세하게 기록한다. 이리하여 음악은 '수치화된 자아quantified self'를 구성하는 요소가 되었다.

코스터의 블로그에는 "당신 삶의 사운드트랙을 추적합니다"라는 제목이 붙어 있다. 이 문구를 보면 자신의 삶을 다룬 영화에 직접 출연하여 자신이 누구이고 어떤 존재가 되고 싶은지 음악으로 나타내는 모습이 떠오른다 (마치 프루덴셜 광고처럼). 이런 관점에서 음악은 여러분이 모는 차, 여러분이 고르는 실내 장식, 여러분이 입는 옷, 먹는 음식과 더불어 소비주의 정체성을 이루는 여러 양태 가운데 하나에 불과하게 된다. 3장에서 내가 유명인 문화를 설명하며 말했던 유동적인 정체성과 원하는 모습을 스스로 만들어가는 일과도 연결된다. 우리는 소비자 문화의 본질이라고 할 수 있는 넘쳐나는 선택지 가운데서 뭘 고르느냐로 자신의 정체성을 구성하고 알린다(즉, 수행한다). 페이스북이나 트위터 같은 소셜 네트워크 사이트도 이와 비슷하다고 할 수 있다. 친구 및 팔로워의 정체와 숫자가 여러분이 어떤 사람인지를 말해준다. 실제로 음악과 소셜 네트워크는 갈수록 서로 뗄 수 없는 분야가 되고 있다. 페이스북과 트위터는 음악을 전파하는 데서 결정적인 역할을 하며, 역으로 많은 음악 전문 서비스(라스트에프엠과 스포티파이)가 소셜 네트워크 기능을 포함한다.

이런 식으로 디지털 기술은 기존의 일들을 더 나은 방식으로 수행하는 것으로 시작하여(예를 들어 디지털 멀티트랙 녹음), 결국에는 패러다임을 바꾸는 새로운 방식을 실현한다. 기존 것을 향상하다가 그것을 대체하는 새로운 일을 행하는 것이다. 음악은 디지털 시대 이전부터 자기 돌봄 등 생활양식을 가꾸는 데 쓰인 것과 마찬가지로 정체성의 표식으로도 쓰였지만(청년 문화에 대해 내가 설명한 것을

떠올려보라), 기술은 이를 존재 차원에서 전혀 다른 것으로
뒤바꿔놓았다. 생활양식으로서의 음악이란 고전음악
전통에서처럼 음악가의 표현이 아니라 청자·소비자의 필요
중심의 가치 체계로 구상되거나 소비되는 음악을 말한다.
호지의 구성주의 예술관처럼 더 민주적인 문화 개념이라고
볼 수도 있다. 그래도 더 엘리트적이고 작가가 중심이 되는
자기표현 및 진정성의 가치는 생활양식으로서의 음악이라는
세계에서도 결코 소멸하지 않았다. 낡은 가치는 좀처럼
사라지는 법이 없다. 오히려 힘을 축적하면서, 수많은 장르와
전통이 제각각 서로 견줄 수 없는 가치 체계로 공존하는
오늘날 틈새 문화에 기여한다.

  이런 가치들을 서로 견줄 수 없다면, 그것은 서로
다른 자아 인식을 반영하고 거기에 기여하기 때문이리라.
베토벤을 통해 구현된 천재 혹은 위대한 인물이라는
개념은 "개인을 경계가 분명하고 고유하고 대체로 통합된
동기와 인식의 우주로 여기는 서양식 사고"에 바탕을
두었다. 19세기에 자아는 이렇게 자율적이고 일관되고
그 누구에게도 의지하지 않으며 자신에게 충실한 것으로
간주되었다(여기서 진정성이라는 고전음악의 가치와
연결된다). 위의 구절은 미국의 인류학자 클리퍼드 기어츠의
것인데, 그는 이런 자아 개념이 "세계 문화의 맥락에서
볼 때 다소 특이한 발상"이라고 서술한다. 자아를 우리가
만들거나 수행하는 것으로(음악을 동원하기도 하여), 우리가
어디에 있고 누구와 있는지에 따라 바뀌는 것으로,
사람들과의 관계를 통해 형성되는 것으로 여기는 오늘날의
관점과는 확실히 맞지 않는다. 그 결과 지금은 한물간

표현이지만 '포스트모던의 조건'이라 불렸던 것의 일부로서 유동적 자아 개념이 등장하게 되었다.

고정적이고 통합된 자아 인식이 유동적이고 수행적인 정체성으로 넘어갔듯이 오늘날의 음악 문화는 다양한 시간, 공간, 사회 및 인종 집단의 음악이 병존하며 고정된 정체성이라는 것이 희박하다. '음악'이라고 하면 서양, 백인, 주로 도시 부르주아의 기보된 음악을 의미했던 예전과는 다르다. 그때는 농촌의 포크 음악(악보로 정리되고 피아노 반주가 더해지는 등 도시화되지 않는 한)이나 켈트 음악 ('예술'적인 백파이프 음악조차) 같은 전통은 '음악'의 범위 바깥에 있었다. 당연히 세계 각지의 음악도 마찬가지였다. 이런 것들은 전부 외래의 것이었고, 그 이질성이 고정된 문화적 정체성을 강화했다. 그러나 그 이후로 세계가 바뀌었다. 지금까지 내가 한 이야기는 그저 음악적인 것만이 아니다. 음악이 플라톤적인 실재의 왕국에 거주하지 않으며 지금 여기서 벌어지는 더 넓은 사회문화적 변화의 핵심적인 부분임을 이보다 더 분명하게 보여주기란 어려울 것이다.

디지털 참여와 음악 스타일

디지털 기술의 가장 눈길을 끄는 면은 시간과 공간을 재설정할 수 있다는 것이다. 시간의 재조정은 세상을 떠난 아티스트의 홀로그램 영상이 등장한 근래에 이루어졌다. 투팍 샤커(1996년 사망)가 이런 식으로 2012년 코첼라 페스티벌에서 공연했고(그림 17), 마이클 잭슨(2009년 사망)은 2014년 빌보드 뮤직 어워드 무대에 섰다. 공간의

그림17. 2012년 코첼라 뮤직 페스티벌에서 홀로그램 공연을 한
투팍 샤커(오른쪽)와 스눕 독(왼쪽).

장벽은 텔레매틱 음악telematic music에서 무용지물이 된다.
전 세계에 흩어져 있는 연주자들을 실시간으로 함께 하도록
묶어주는 기술 덕분인데, 시간의 지연을 완전히 없애지는
못하므로 거의 실시간이라고 해야 한다. 1998년 오자와
세이지가 나가노 동계올림픽 개막식에서 베토벤의 〈환희의
송가〉를 지휘한 것이 초창기 사례다. 그는 일본에 있으면서
베를린, 케이프타운, 베이징, 뉴욕, 시드니의 합창단을
실시간으로 지휘했다. 더 최근의 예로는 '아바타 오케스트라
메타버스'가 있다. 세 대륙에서 활동하며 현대음악과
대중음악 장르를 넘나드는 음악가들로 이루어진 단체다.
그들의 텔레매틱 공연은 '세컨드라이프' 내의 멋진 공간에서
이루어진다. 같은 가상공간에 머무르는 청중이
현실세계에서는 지구 곳곳에 흩어져 있다는 뜻이다.

디지털 문화를 대표하는 음악의 아이콘이라면,
보컬로이드 음성 합성 소프트웨어가 지원하는 가상의 일본
여학생 캐릭터 하츠네 미쿠를 꼽아야 할 것이다. 그녀는
아시아, 유럽, 북아메리카에서 홀로그램 콘서트 투어를
하며(그림 18), 그녀의 팬들이 만들어 올리는 아니메[1]
스타일의 비디오를 통해 언제든 볼 수 있다. 이 글을 쓰는
지금 유튜브에 17만 건의 동영상이 올라와 있으며 하츠네
미쿠의 페이스북 팔로워 수는 231만 2489명이다. 2007년
세상에 나온 때부터 나이는 16세, 키는 158센티미터,
몸무게는 42킬로그램이다. 그녀는 면밀한 통제를 받으며
비인간적일 만큼 귀여움을 내세우는 일본 '아이돌'이라는
고도로 상업적인 현실세계 문화의 산물이다. 이런 이유로
그녀의 팬들은 살과 피를 가진 아이돌이 아닌 미쿠 쪽이
진정성 있다고 주장한다. "이것은 진짜예요. 진짜 표현의
자유가 여기 있어요. 아이돌을 봐요. 걸그룹을 봐요. 전부
가짜잖아요." 이와 같은 현실과 가상의 융합, 자연과
인위성의 융합이 디지털 문화의 음악에 팽배해 있다.

미쿠의 팬 비디오는 디지털 기술로 가능해진 새로운
참여 형식의 본보기다. 디지털 기술과 뉴 로맨틱[2] 미학을
결합한 미국 작곡가 에릭 휘태커도 있는데, 그는 합창곡으로
가장 유명하다. 2009년 휘태커는 자신이 작곡한 음악을
노래하는 모습을 담은 비디오를 전 세계 수천 명이

1. 일본 애니메이션.
2. 1970년대 후반 영국에서 시작된 서브컬처 운동. 화려하고
   낭만주의적인 미학, 연극적 스타일, 신시사이저 기반의 사운드를
   특징으로 한다.

그림18. 2020년 1월 16일, 르 제니트 드 파리 콘서트에서 공연하는 하츠네 미쿠.

업로드하자 이를 하나로 통합하여(즉 시간과 공간을 재설정하여) 가상 합창단을 만들었다. 네 번째 합창 프로젝트 〈천국까지 날아올라Fly to Paradise〉에는 리믹스 기능도 있다. 가상 합창단 웹사이트에서 트랙을 다운로드받아 자신만의 믹스를 만든 다음 업로드하고 공유하면 된다. 청자가 녹음 매체를 맞춤식으로 즐긴다는 컬쇼와 굴드의 미래주의적 발상이 디지털 기술을 통해 실현되고 있는 것이다.

〈천국까지 날아올라〉 리믹스는 그저 단발적인 사례가 아니다. 개별 트랙이나 스템stem(트랙의 묶음)으로 다시 작업하여 자신만의 믹스를 만들 수 있는 '매시스틱스 Mashstix'나 '인다바뮤직Indaba Music' 같은 웹사이트들이 있다. 여기서도 사람들은 작업물을 남들과 공유하는데, 이런 공유야말로 현 상황을 이해하는 데 핵심이다. 매시스틱스와

인다바뮤직은 그저 온라인 기술 도구가 아니라 마음이
통하는 사람들이 모여드는 거점이다. 대부분이 아마추어로,
서로의 작품에 대한 견해를 밝히며 함께 격려한다. 이런
사회적 교류가 음악의 질만큼이나 중요하다. 내가 여기서
집중적으로 살펴보려는 디지털 기술이 음악에 미친
영향이 바로 이런 것이다. 일단은 음악 참여에 대한 좀 더
일반적인 논의로 시작하자.

　　아마추어의 음악 활동과 프로의 음악 활동을 명확히
구분하지 않는 음악 문화가 많지만 서양에는 그런 구분이
있어서 대다수 음악학자들은 직업 음악가들이 만든 음악만을
집중적으로 다룬다. 그럼에도 아마추어 음악 활동은 엄청난
규모로 계속 이어졌다. 단순히 통계로만 보면 역사책에
실리는 프로의 음악 활동은 아마 반올림 오차에 지나지 않을
것이다. 그리고 이런 활동에서는 오늘날의 리믹스와
마찬가지로 미학적 동기만큼이나 교류 목적이 중요했다.
영국의 지방 도시 밀턴킨스 내의 아마추어 음악 활동을
체계적으로 연구하기로 마음먹은 것은 인류학자였다. 이처럼
명확한 음악 연구 과제에도 음악학자가 나서지 않았던
것이다. 인류학자 루스 피네건이 학교, 교회, 술집, 클럽을
망라하여 고전음악, 재즈, 록, 브라스밴드, 포크, 컨트리에
이르는 다양한 음악 장르를 기록으로 남겼다.

　　참여형 음악 활동의 사례를 몇 가지만 나열해보자.
먼저 지명도 높은 유소년 오케스트라가 있다. 여기에는
국가 통합 프로젝트와 연관되는 것도 있고(이라크의 국립
청소년 오케스트라), 사회 융합 정책의 일환인 것도
있다(베네수엘라의 시몬 볼리바르 심포니 오케스트라).

같은 목적이지만 일반인 수준인 지역 공동체 합창단이
있다. 10대들에게 학교수업 외에 서로 어울리는 기회가 되는
인디 밴드가 있다. 간혹 성인이 되어서도 밴드 활동을
이어가며 보람 없는 직업에 대한 보상을 얻기도 한다. (10대
아이를 데리고 장비를 챙겨 공연장을 도는 부모들은 참여적
음악 활동이 쇠퇴하고 있다는 세간의 우려가 번지수를
잘못 짚었음을 안다. 고전음악은 어쩌면 그럴지도 모르지만,
음악 활동은 다방면에서 잘 돌아가고 있다.) 그리고
1950년대 스키플 밴드와 1970년대 펑크에서 보듯 스스로
알아서 다 하는 영국 대중음악의 자작自作 전통이 있다.
브라스밴드와 대규모 합창 행사는 잉글랜드 북부에 아직
남아 있지만, 그 전성기는 20세기 초였다. 그 시절 밴드와
합창단은 시민들의 사교 생활에서 중요한 요소였다.

　　양적 측면에서 가장 압도적인 참여적 음악 활동 사례는
《호프마이스터 월간보고서Hofmeister Monatsberichte》에서
볼 수 있다. 이것은 라이프치히의 음악 출판업자 프리드리히
호프마이스터가 매달 발행한 악보 카탈로그로 1829년부터
시작하여 20세기까지 나왔다. (나는 이 자료를 온라인
데이터베이스로 만드는 프로젝트를 맡아서 했다.) 여기에
수록된 악보는 자그마치 33만 종으로, 음악학자들조차
이름을 들어보지 못한 작곡가들 곡이 대부분이고 생소한
악기와 앙상블을 위한 곡도 많다. 예컨대 하모늄,
피사모니카physharmonica, 하모니 플루트를 위한 음악이라는
범주가 있다(모두 얇은 금속판을 진동시켜 소리를 내는
소형 오르간으로 오늘날에는 사용하지 않는다). 이것은
아마추어들이 텔레비전이 없던 시절에 주로 가정에서

수행했던 음악 활동의 유물이다. 음악 역사학자들은 두 가지 이유에서 이런 활동을 무시한다. 역사책에 실리는 음악의 경전을 여기서는 찾을 수 없기 때문이고, 또 그저 지나치게 많기 때문이다. 음악 역사학자들은 대체로 소수의 엘리트 장르에 속한 한정된 작품들의 특징에만 관심을 쏟는다. 수십만 개의 번호가 붙은 레퍼토리를 가지고는 어떻게 해야 할지 모른다.

나는 다른 프로젝트에서 똑같은 문제와 맞닥뜨렸다. 원래는 퀸의 〈보헤미안 랩소디〉 비디오—최초의 뮤직비디오라는 타이틀을 가져갈 유력한 후보—와 여기서 파생된 텔레비전 광고, 그리고 영화 〈웨인즈 월드〉에서 패러디한 예를 가지고 글을 쓸 생각이었다. 그런데 프로젝트가 십 년쯤 중단돼 (원래 내 글이 실릴 예정이던 책이 철회되는 바람에) 공백이 생겼고, 프로젝트가 재개됐을 때는 유튜브가 있었다. 내가 '보헤미안 랩소디 비디오'를 처음 검색했을 때 결과가 어땠는지는 기록하지 않았지만, '보헤미안 랩소디'와 '퍼펫puppet'[3]을 함께 검색어로 넣었을 때 304건의 결과가 나왔다는 것은 안다. 그 유명한 〈머펫 쇼〉 버전과 다른 비디오 303편 말고도 〈스타워즈〉나 〈스타트렉〉의 이미지를 차용한 버전, 〈메가 맨〉이나 〈파이널 판타지〉 같은 고전적인 비디오게임의 이미지를 차용한 버전, 〈신세기 에반게리온〉 시리즈 등 수많은 아니메 스타일 버전, 레고를 활용한 버전(퀸의 비디오들을 레고로 만들어 올리는 유튜브 채널이 있다), 그 밖에 〈마이 리틀

3. 인형극이라는 뜻.

포니〉버전, 러시모어산 버전 등등 수많은 버전이 존재한다. 어떤 것은 퀸이 녹음한 음반을 음원으로 사용했고, 커버 곡을 사용하거나 리메이크하기도 한다(플로피디스크 드라이브 소리를 활용한 '디지털 파편' 버전도 있다). 나는 각각의 버전들을 개괄하고 (특별한 기준 없이) 몇 편을 선별하여 좀 더 자세히 논의한 다음 이런 현상의 문화적 의미를 추론해 글을 썼다. 그것 말고는 할 게 없었다.

이것은 인터넷이 불러온 예기치 못한 결과였다. 인터넷은 원래 군사 및 학술 분야의 소통을 위해 개발한 것이었다. 1980년대에는 텍스트만 지원되었지만 그때도 가상 공동체는 발달했다. 대표적으로 샌프란시스코만 지역을 기반으로 한 웰WELL이 있었다. 회원들은 통신망을 통해 체스와 요리, 그레이트풀 데드(데드헤드라 불리는 많은 열성팬들이 가입했다) 등 공통의 관심사를 나누었다. 1990년대 초에는 월드 와이드 웹이 개발되었다. 웹사이트를 서로 연결하는 구조로 이미지와 음성을 지원했고 2000년 무렵에는 웹 2.0이 되었다. 매시스틱스와 인다바뮤직 등에서 소셜 네트워크부터 온라인 쇼핑까지 모든 것의 근본이 되는 사용자 상호작용이 가능해졌다. 이때부터 공통의 관심사를 기반으로 한 온라인 동호회가 급속하게 성장했다. 음악도 그런 관심사 중 하나였다. 매시스틱스와 인다바뮤직은 2000년대부터 서비스를 시작하여 소셜 네트워크 사이트의 친목 기능을 일부 도입했다. 유튜브 같은 다목적 사이트 또한 댓글, 채널, 메시지 주고받기 같은 기능들을 갖추었다. 이를 기반으로 공동체 문화가 만들어졌다는 뜻이다.

헨리 젠킨스는 디지털 참여 문화를 최초로 진지하게

연구한 미디어 학자였다. 《해리 포터》 시리즈의 팬픽션
연구도 그중 하나였다. J. K. 롤링의 원작을 좋아하는 팬들은
롤링이 만든 인물들을 바탕으로 자신만의 이야기를 만들어
특정 웹사이트에 올리고 서로의 이야기를 읽으며 의견을
달아 가상 공동체를 형성한다. (2006년에 글을 쓰면서
젠킨스는 가장 규모가 큰 사이트에 팬들이 작성한 글이 3만
건이나 올라왔다고 했다. 지금은 두 곳이 8만 편을 훌쩍
넘겼다.) 젠킨스는 〈스타워즈〉 팬 비디오도 연구했다. 쉽게
구할 수 있고 싼(혹은 불법으로 받은) 비디오 편집
소프트웨어로 만든 것들이다. 그가 음악에 대해 연구하지는
않았지만, 유튜브에 업로드된 수많은 〈보헤미안 랩소디〉
영상의 경우와 동일한 디지털 참여다. 디지털 기술이
등장하면서 그런 비디오를 만들고 비슷한 취향의 독자들에게
알려 이를 중심으로 공동체를 형성하는 일이 쉬워졌다.
회원들은 서로의 채널을 구독하고 서로의 비디오에 대해
의견을 준다.

　　젠킨스는 이런 디지털 참여 문화를 영화와 텔레비전
같은 매스미디어로 인해 밀려났던 전통적인 민속 문화
('토착적 창의성 vernacular creativity'의 문화라고 부르기도
한다)가 현시대에 다시 부활한 것으로 본다. 언젠가 젠킨스는
자신의 할머니가 "리믹스 예술가"였다고 말했다. 지역
공장에서 쓰고 남은 천을 사서 바느질로 조각들을 이어 붙여
퀼트 이불을 만들었다는 뜻이었다. "할머니는 비공식적으로
이런 기술을 배웠을 겁니다. 동네 여인들이 일하는 모습을
옆에서 보고 자신의 손으로 하나하나 해보는 식으로 솜씨를
익혔어요." 음악원이 생기기 전에 사람들이 음악을 배운

것처럼 말이다. 젠킨스는 디지털 기술이 되살리는 것이
이런 공동체적 차원의 활동이라고 본다. 그가 참여적 음악
활동의 한 형식을 거론하며 주장을 편다는 점에 주목하자.
리믹스는 지금이야 인터넷 어디서든 찾아볼 수 있지만, 원래
1970년경에 자메이카에서 유래하여 디제잉과 디지털
샘플러의 발달로 확산되었다.

132 　　　민족음악학자 토머스 투리노는 발표용 음악(음악가가
청중을 위해 만드는 것)과 참여용 음악(음악가가 자신을
위해 만드는 것)을 구별한다. 명확히 구별되는 것은 아니지만
투리노는 이것이 음악 스타일과 관게 있다고 주장한다.
예컨대 참여용 음악은 열린 형식이고(사람들이 원하는 한
계속 이어질 수 있다), 반복이 많으며(노래를 잘 모르는
사람도 따라 할 수 있다), 극적인 대조를 피한다(미리 맞춰
보는 리허설이 없어도 된다). 발표용 음악은 상반되는
성격을 갖는다. 요컨대 참여는 음악의 스타일을 결정하는
조건이 되며, 디지털 참여도 예외가 아니다.

　　　디지털 문화를 대표하는 산물인 인터넷 밈을
생각해보자. 밈은 디지털 이전에 있던 것('킬로이 다녀감
Kilroy was here'[4]에서 보듯)을 디지털이 이어나간 예이며,
디지털 기술의 속도와 전파 덕분에 밈도 본질적으로 새로운
의미를 얻었다. 미디어 이론가 리모르 시프만은 인터넷
밈의 핵심적인 특징으로 사람들이 복제하거나 변형하거나
패러디하게 만든다는 점을 꼽는다. 전파되고 확산되지 viral
않으면 밈이 아니다. 이것을 도와주는 몇 가지 특징이

---

4. 제2차 세계대전 무렵부터 곳곳에 등장한 낙서 문구.

있는데 우선 단순함이다. 갖고 놀기에 어려워서는 안 된다. 반복성은 모방을 부추기고 기억을 용이하게 한다. 그 외에 빈칸을 채우고 싶게 만드는 묘한 재미, 주로 엉뚱함에서 오는 유희성이 있다. 시프만은 대체로 텍스트 밈과 이미지 밈에 대해 이야기하지만 음악에도 같은 말을 할 수 있다.

　일례로 '냥캣Nyan Cat'(그림 19)이 있다. 네모난 파이 과자인 팝타르트 몸통을 한 고양이가 하늘에서 별들 사이로 무지개 꼬리를 그리며 영원히 날아가는 모습과 묘하게 뇌리에 박히고 짜증나리만큼 반복적인 음악이 합쳐진 엉뚱함에 1억 7718만 9182명이 반응했다. (고양이 이미지는 미국 삽화가 크리스 토레스의 작품이며, 음악은 하츠네 미쿠를 위해 만들어진 것이다. 단연코 핵심적인 창조 행위인 둘의 조합은 익명의 유튜브 사용자 새러준saraj00n의 솜씨다.) 한국 가수 싸이의 〈강남스타일〉 비디오(조회수 36억 357만 2130건)도 있다. 원래 뮤직비디오로 만들어진 것이 밈처럼 확산된 경우다. 한국인들에게는 졸부를 풍자하는 노래지만, 다른 나라 사람들에게는 도대체 알아들을 수 없지만 재미있고 엉뚱한 요소로 가득한 것이다. 반복적인 구절과 독특하면서 따라 하기 쉬운 댄스가 밈의 '확산성'에 불을 붙였다. 둘 다, 특히 〈강남스타일〉의 경우 수많은 재창조물을 낳았고 대체로 패러디로 만들어졌다("멕시 스타일", "오시 배틀러 스타일", "미트 롬니 스타일" 등등).

　이런 엉뚱함, 독특한 재미, 유희성은 디지털 문화의 기본 특징이다. 인터넷 밈만이 아니라 뉴스 토론 웹사이트 '레딧'과 서로 다른 음악·영상을 결합하는 '매시업mash-up' 등 주요 디지털 장르에서도 명백히 드러난다. 매시업은

그림 19. 냥캣.

엉뚱함이 전부라 해도 과언이 아니다. 동영상 리믹스
아티스트인 이클렉틱 메소드가 비욘세의 〈싱글 레이디스〉와
레너드 스키너드의 〈스윗 홈 앨라배마〉를 섞어 만든
매시업은 현재 흑인 여성의 힘을 보여주는 상징적 존재와
남부연합 깃발을 무대에 걸고 공연했던 미국 남부 출신의
백인 밴드를 등장시켜 2000년대 상업주의와 1970년대 록의
진정성을 교차하는 재미를 준다. 음악학자 존 리처드슨은
데스메탈과 브리트니 스피어스의 매시업을 설명하면서
"헤비메탈 록의 구성에서 늘 한자리를 차지했던 인위성과
여성스러운 팝의 이면에 감춰져 있던 잔혹한 진실"을
드러냈다고 평했다. 각 노래가 서로의 경험을 교란해 우리가
별개로 두고자 하는 연상과 감정을 함께 끌어낸다. 노래가
서로 부딪히면서 예기치 못한 의미가 생성된다. 이 모든
것이 플랫폼, 장르, 매체를 가리지 않고 공통으로 나타나는
독특한 디지털 미학을 이룬다. 이는 기술 덕분에

가능해졌으나 기술이 의미를 결정하지는 않는다. 문화를
만드는 것은 사람이다.

소리를 팔아라

나는 가상공간의 디바 하츠네 미쿠 이야기를 했는데
그녀는 디지털 참여에 기반한 새로운 사업의 훌륭한 사례다.
앞서 말했듯이 그녀는 보컬로이드 소프트웨어(원래
야하마에서 개발한 것이다)에서 작동한다. 요컨대 여러분이
음악과 가사를 입력하면 미쿠가 노래한다. 그녀는 일본의
음악 미디어 기업 크립톤퓨처미디어에서 내놓은 여러 가상
캐릭터 가운데 가장 유명하다. 미쿠의 목소리 데이터가
담긴 보컬로이드 엔진과 크리에이티브 커먼즈의 CC BY-NC
라이선스[5]를 패키지로 묶어서 판다. 〈미쿠미쿠 댄스〉라는
무료 소프트웨어를 사용하여 미쿠의 가장 유명한 아니메
동작들을 만들 수 있다. 그녀의 이미지 저작권 소유자는
크립톤이지만(그래서 내가 그림 18에 사용하지 못했다),
CC BY-NC 라이선스 덕분에 여러분은 유튜브 같은
웹사이트에 자신이 만든 비디오를 올릴 수 있고 저자로
인정받는다. 상업적으로 활용하지 못한다는 것이 유일한
제약이다. 이렇듯 크립톤의 사업 모델은 디지털 참여를
염두에 두고 만들어졌다. 전 세계 미쿠 팬 공동체의 가치관과
동기를 이해하고 있는 것이다.

　　헨리 젠킨스는 이렇게 "사용자 생성 콘텐츠"(그가 쓴

135

5. 출처를 표시하면 비영리적으로 이용하게 해주는 라이선스를
　　말한다.

용어다)로 수익을 올리는 것이 웹 2.0 사업의 핵심이라고 본다. 유튜브와 세컨드라이프가 전형적인 예다. 사람들은 사용자가 올린 비디오를 보려고 유튜브를 찾는다. 마찬가지로 세컨드라이프 주민들은 가상의 풍경, 집, 가게, 옷을 만들고 라이브 음악 스트리밍으로 가상의 술집에서 콘서트를 여는 등 이곳을 플랫폼이 아닌 가상세계로 변모시켜 더 많은 주민을 끌어들인다. 유튜브는 광고를 통해, 세컨드라이프는 가상의 땅을 팔아 수익을 올린다. 젠킨스는 미국 기업 다수는 일본의 웹 2.0 사업체들에 비해 이런 사업 모델을 제대로 활용하시 못힌다고 본다.《해리 포터》와 〈스타워즈〉의 저작권을 소유한 기업들은 팬픽션을 통해 팬들의 공동체를 만들려고 하기보다 오히려 법을 내세워 이런 팬들의 활동을 차단했다. 그들은 디지털 참여가 고객의 충성과 수익에 도움이 될 수 있음을 보지 못했다.

고객을 이해하지 못하는 사업은 시장에서 장악력을 잃기 쉽다고 젠킨스는 경고한다. 실제로 21세기로 접어들 무렵 음악업계에서 벌어졌던 일이기도 하다. 디지털 다운로드가 등장하면서 소비자들이 음악과 곧장 접할 수 있는 길이 열렸다. 그러나 음반사들은 음악을 그런 식으로 팔지 않았다. 그러자 고객은 웹을 검색하고 무료로 음악을 다운로드 받았다. 이에 음반사는 소비자들을 고소했고, 그 결과 시장에서 밀려나고 말았다. 앞선 섹션에서처럼 나는 시간을 더 거슬러 올라가려고 한다. 디지털 기술이 음악 사업에 안겨준 충격을 이해하려면 디지털 이전 시대가 어땠는지 알아야 하기 때문이다.

이번에도 시작은 베토벤 시대다. 음악학자들은 음악이 세속적인 관심사를 초월한다는 오랜 믿음 때문에 오랫동안

음악 사업에 관심을 두지 않았다. 1824년 5월 7일
베토벤의 교향곡 9번 초연은 처참한 손실을 남겼다.
로맹 롤랑은 베토벤이 "가난하고 병들고 외로운 정복자,
즉 인류의 평범함과 자신의 운명과 고통을 이겨낸
정복자"였다고 적었다. 롤랑이 보기에 가난은 오히려
베토벤의 예술적 진정성을 돋보이게 만들었다. 돈은
중요하지 않았다. 당연히 현실에서는 그렇지 않았다. 돈은
고전음악가들에게 중차대한 문제였고, 베토벤의 생애는
작곡가가 귀족의 후원을 받는 시대에서 작품을 주로
출판업자에게 팔고 음악회를 열어 수입을 얻는 시대까지
걸쳐 있었다. 교향곡 9번 초연의 실패 원인은 계절에
맞지 않게 좋은 날씨였다. 사람들이 공연을 보기보다는
교외로 나들이를 나갔다.

　　19세기 전반기 동안 음악 사업이 크게 발전했다.
독주회와 오케스트라 공연을 하는 상업적 콘서트홀이
지어졌고(피아노 리사이틀이 이 무렵에 생겨났다),
지자체에서 오케스트라를 설립해 음악가들을 정규적으로
고용했다. 경제적 관점에서 이보다 더 중요했던 것은 중산층
가정에서 이루어진 음악 활동의 성장이었다. 이것은
세 발 달린 의자처럼 균형을 이뤘다. 사람들은 피아노를
구입했고, 피아노를 연주하려고 악보를 구입했고,
악보로 연주하는 법을 배우려고 선생을 고용했다. 그리하여
많은 음악가들에게 든든한 수입원이 생기는 것과 동시에
음악가들과 선생들이 만성적으로 과도하게 공급되는 일이
20세기까지 이어졌다. 많은 음악가들이 생계를 꾸려가려고
분투해야 했다.

　　20세기 초반에 녹음과 라디오라는 새로운 기술이

등장하면서 새로운 기회가 열렸다. 이보다 더 중요한 것이 있었으니 무성 영화의 발달이었다. 실은 전혀 무성이 아니었다. 거대하고 호화로운 영화관에서 음악가들이 피아노에서 오케스트라에 이르기까지 다양한 악기로 연주하여 실황 음악을 들려주었기 때문이다. 몇 년 동안 음악가들의 형편은 이보다 더 좋을 수 없었다. 그러다가 최초의 유성 영화 〈재즈 싱어〉(1927)가 개봉하면서 상황이 급변했다. 도처의 영화관들이 음향 재생 장비를 빠르게 갖추면서 음악가들은 갑자기 일자리를 잃고 말았다. 게다가 음악 경제를 이루던 디리 셋이 한꺼번에 잘려나가 구조적인 문제로 고착되었다. 음반과 라디오로 인해 새로운 청취 습관이 형성되면서 가정에서 음악 활동을 하는 사람들이 줄어들었다. 피아노도, 악보도, 선생도 예전만큼 필요하지 않았다. 음악 사업은 계속 이어졌지만, 주요 활동은 이제 악보 출판에서 음반 제작과 판매로 빠르게 바뀌었다.

1930년경부터 20세기 거의 끝무렵까지 음반 산업은 여러 이유로 호황을 누렸다. 음반을 제작하려면 처음에 크게 투자해야 했지만, 그러고 나면 대단히 저렴한 비용으로 사실상 무한정 판을 찍어낼 수 있었다. 음반을 많이 팔수록 장당 얻는 수익도 올라갔다. 더 많은 음반을 팔려면 더 많은 수요를 만들어내는 것이 중요했다. 20세기 대중음악의 성장으로 이것이 가능했다. 게다가 기술 발전이 소비자가 구입한 음악을 또 구입하도록 부추겼다. 먼저 78회전 셸락shellac 디스크[6]가 있었고, 1950년쯤 33회전 바이닐이 나왔다. 스테레오 LP(별도의 두 채널로 소리를 내보내 공간감을 준다)에다, 마지막으로 1980년대에 CD라는 새로운 디지털 포맷이 등장했다. 내가 '마지막으로'라는 표현을 쓴 까닭은 대부분의 사용자에게 CD 음질이면 충분했기 때문이다. 이번에도 소비자들이 샀던 음반을 또 산 덕분에 음반사는 재발매한 CD로 큰 수익을 올렸다. 호황은 10년 넘게 이어졌지만 영원하지는 않았다. 마침내 사람들은 포맷을 대체하길 관뒀고, 음반사는 가장 잘 팔리는 음반 목록이 바닥났다. 1990년대가 되자 판매 추세가 꺾여 업계는 긴축 경영에 들어갔다.

CD를 세상에 내놓았던 디지털 기술이 이 무렵에 전성기에 접어들었다. CD가 이끌었던 호황이 끝나는 시기에 인터넷이 가파르게 확산되었다. 느린 전화 모뎀 접속이 광대역 접속으로 대체되었고, 비용 대비 효율적인 대용량 데이터 저장 기술이 개발되었으며, (오디오 애호가의 성에는 안 차겠지만) 일반 청취용으로 충분한 압축파일 포맷이 등장했다. 이것은 음악이 MP3 형식으로 유포되어 언제 어디서든 컴퓨터나 MP3 플레이어로 들을 수 있게 되었다는 뜻이다. 문제는 내가 말했듯이 음반사들이 MP3를 팔지 않았다는 것이다. 그러니 직접 CD에서 파일을 추출하거나 친구와 주고받거나 인터넷에서 다운받아야 했다. 1990년대 말이면 P2P 파일 공유 웹사이트가 등장했다. 가장 유명한 사이트가 '냅스터'였는데, 사용자끼리 서로의 하드디스크에 접속하여 사운드 파일을 복제해 가도록 했다. 냅스터는 한때 사용자가 8천만 명에 달했을 정도로 큰 인기를 누렸다.

6. 합성수지가 개발되기 전 천연수지로 만든 디스크.

법과 음반 산업의 입장에서는 저작권 침해였다. 음반사 간부들은 모든 문제의 근원이 이것이라고 확신했다. 소송이 벌어졌고 냅스터는 2001년에 문을 닫았다. 업계는 다운로드받은 개인들 또한 고소했다. 유명한 예로 2003년에 고소당한 12세 여자아이와 65세 할머니가 있었는데, 할머니는 알고 보니 컴퓨터가 MP3를 다운로드받을 수 있는 상태가 아니었다. 4년 뒤에 미국음반산업협회는 미네소타에 사는 30세 여자를 상대로 승소했다. 그녀는 24곡을 다운로드받았다는 이유로 22만 2000달러의 배상금을 지불해야 했다(한 곡당 9250달러). 이런 상황이 벌어지자 법학과 교수이자 정치 운동가인 로런스 레시그는 저작권과 음악 산업의 관행이 손잡고 "우리 아이 세대를 범죄자로 만들었다"며 날카롭게 꼬집었다.

젠킨스는 미디어 기업이 "경제적 합리성을 저버리고 고객에게 소송을 걸어 그들을 기꺼이 적으로 돌리려" 한 사례라고 지적했다. 음반 산업의 이런 조치가 비합리적이었다고 보는 한 가지 이유는 파일을 공유한 고객이 실제로 더 많은 음악을 합법적으로 구입했다는 사실이 조사로 밝혀졌기 때문이다. 음반사는 로비와 소송에만 에너지를 쏟을 뿐 스스로 가장 기본적인 질문조차 던지지 않았다. 고객이 원하는 것은 무엇인가? 그것은 음악을 다운로드받아 언제 어디서든 듣는 것이었다. 이 질문에 매달린 기업이 있었다. 애플이 내놓은 대답은 아이튠즈 스토어였다. 2003년에 문을 열어 사용자들이 음악을 합법적으로 구입하고 컴퓨터나 MP3 플레이어에 바로 다운로드 하도록 했다. 10년이 지났을 때 아이튠즈의

사용자 수는 5억 7500만 명에 이르렀다. 시장은 괜찮게
돌아갔다. 음악 산업이 장악하지 못했을 뿐이다.

2000년 이후 이런 흐름 속에서 디지털 기술이 음악
산업에 미치는 영향을 두고 여러 전망이, 특히 장밋빛 전망이
많이 떠돌았다. 뮤지션과 밴드 들은 음반사와 악명 높은
착취적 계약으로부터 자유로워질 기회로 보았다. 중간
상인들을 배제하고 청자에게 직접 자신들의 음악을 팔고자
많은 이들이 여러 전략을 실험했다. 셰필드 출신의 밴드
아크틱 멍키스Arctic Monkeys는 자신들의 음악을 처음에는
데모 CD로, 나중에는 웹사이트를 통해 무료로 나눠주었다.
이런 식으로 주목을 받고 라디오 방송을 타면서 그들은
2005년 도미노 사와 계약을 맺었다. 이와 정반대로
거물급 밴드 라디오헤드는 EMI 사와의 계약이 끝나자
인터넷을 통해 음악을 발매했다. 일곱 번째 앨범《인
레인보스In Rainbows》를 웹사이트에서 다운로드 하도록 한
것인데, 팬들은 원하는 만큼 돈을 지불하면 됐고 내지
않아도 무방했다. 이것이 2007년의 일이었다. 이듬해에
음악 공유 사이트 '밴드캠프'가 설립되었다. 여기에는 소셜
네트워크 기능이 있어서 뮤지션들이 자신의 음악을
온라인으로 팔 수 있었다. 뮤지션들이 가격을 책정했고,
팬들은 원하면 더 지불할 수 있었다(그리고 40퍼센트가
그렇게 했다).

아티스트들이 음악의 새로운 판로를 모색하고자
애썼다면, 청자들은 모든 음악이 무료로 풀리는 유토피아
시대를 기대했다. 이런 시대에도 음악 사업이 설 자리는
여전히 있겠지만, 음악 자체를 팔기보다는 음악을

중심으로 하는 서비스를 통해 돈을 벌리라는 것이 대부분의
예상이었다. 무료 음악으로 가득한 생소하고 멋진
세상에서는 원하는 음악을 찾는 것이 관건일 터였다.
2000년대에는 재생 목록으로 MP3 플레이어에 담을 음악을
정리하는 것이 중요했는데, 목록은 자기가 꾸리기도
남이 만든 걸 쓰기도 했다. 유명인의 재생 목록이 난무했다.
사람들은 2005년에 유출된 조지 W. 부시의 아이팟
재생 목록이 그의 미디어 전략가들이 꾸며낸 것일지
모른다고 의심했다(정말로 꾸며낸 것이었다). 사업가들과
스타트업 기업가들은 더 장기적으로 내다보고 있었다.
프로그래머와 음악 전공자들을 고용하여 음악 추천 시스템을
개발했던 것이다. 그리고 앞서 말했듯이 이것이 스트리밍
서비스와 결합하면서 시장의 판도가 바뀌었다.

142

　　유튜브와 애플뮤직을 비롯해 음악 스트리밍 서비스
업체가 여럿 있지만, 이 글을 쓰는 지금 선두 주자는 전 세계
2억 2200만 명의 사용자를 확보한 스포티파이다. 여러분은
개별 곡을 검색할 수도 있고, 특정한 목적에 맞춘 재생
목록을 찾아볼 수도 있다(스포티파이에는 사용자가 만든
'섹스를 위한 음악' 재생 목록이 250만 개에 달한다고
한다). 또한 다양한 추천 시스템 중에서 자신에게 맞는
방식을 고를 수도 있다. 스포티파이의 소셜 네트워크 기능은
페이스북·트위터 등과 연동된다. 그저 음악을 찾고 듣기
위한 환경일 뿐만 아니라 음악을 함께 나누는 환경이기도
하다는 뜻이다. 스포티파이는 소셜 네트워크라는 우주에서
사람들이 모여드는 음악 중심지 역할을 하고 있다.
　　디지털 기술이 선사한 다른 모든 서비스들과 더불어

스포티파이도 어떤 점에서는 음악 애호가들에게 대단히
긍정적인 발전이다. 노력을 들일 일이 거의 없다. 여러
장르에 걸쳐 무한정에 가까운 음악에 언제 어디서든 공짜로
접근할 수 있으며 음악을 찾아주는 정교한 도구도 있다.
광고만 견디면 공짜로 내 것이 된다. 광고가 싫다면 프리미엄
구독을 택하여 나은 서비스를 누릴 수 있다. 어떻게 보면
2000년대 초에 디지털 낙관주의자들이 꿈꾸었던
유토피아다. 하지만 어두운 이면도 있다. 우선 대부분의
뮤지션들은 스트리밍으로 돈을 거의 벌지 못한다.
웹에는 그들의 불만이 넘쳐난다. 그리고 다른 종류의 대가도
있다. 스포티파이의 사업 모델은 프리미엄 구독으로 얻는
수익에 기댄다. 광고를 트는 무료 서비스의 일차적인 목적은
일단 사용자를 끌어들인 다음 그들에게 업그레이드를 권하는
것이다. 유튜브와 세컨드라이프를 포함하여 많은 웹 2.0
기업들이 이런 식으로 돌아간다. 스포티파이의 과제는
사람들에게 프리미엄 구독을 하도록 설득하는 것이었다.
이 글을 쓰는 지금 프리미엄 구독자는 전체 사용자의 절반에
못 미치며, 2018년에 스포티파이가 300억 달러의 시가
총액으로 주식을 상장했을 때에도 아직 이익을 내지
못했다(5년 전에 상장한 트위터와 비슷한 처지였다). 적자를
만회하고자 스포티파이는 다른 소셜 네트워크 서비스
업체들과 똑같은 길을 갔다. 사용자 데이터를 파는 길
말이다.

　　스포티파이의 개인정보 정책을 보자. 여러분이 듣는
음악, 여러분이 만드는 재생 목록, 다른 사용자들과의 교류
등 개인 정보를 수집한다. 아울러 여러분의 이런 데이터를

“익명으로 처리하여” 마케팅 파트너, 광고업자들과 공유할 수도 있다. 이런 사업 모델이 유난스러운 것은 아니지만, 음악 스트리밍 업체는 독보적인 장점을 내세울 수 있다. 음악이 사람들의 감정에, 실로 가장 깊숙하고 가장 진정한 자아에 친밀하게 접근한다는 것이다. ‘내가 임신한 사실을 구글이 나보다 먼저 안다’는 말이 있다. 여러분이 섹스할 때 최고로 꼽는 음악이 뭔지, 그리고 언제 듣는지 아는 것은 스포티파이다. 음악이 감정을 부각하고 시간에 민감하다는 사실 덕분에 스포티파이는 “밤이고 낮이고 (…) 청자들이 가장 몰입하는 순간에” 그들에게 가닿을 수 있다고 사업 파트너들에게 약속할 수 있다.

이렇게 지난 몇 년 동안, 음악을 판매하고 보급하는 기술과 이에 기반을 둔 사업 모델은 아무도 예상하지 못했던 방식으로 바뀌었다. 사반세기 전에 뉴미디어 평론가 하워드 라인골드는 새로운 기술로 인해 사업체가 광고 타깃을 새로운 방식으로 정하게 될 것이라고 내다보았다. 놀라운 예지력으로 덧붙이기를 그는 이런 상황이 계속된다면 “미디어가 앞장서서 욕망을 조종함으로써 영향력을 행사하는 전 지구적인 상업주의가 민주주의를 대체”할 수도 있다고 했다. 오늘날 이와 같은 욕망 조종의 선봉에 음악이 있다. 감시 사회에 대한 우려의 목소리가 커지고 있지만, 웹 2.0 기업들이 사람들에게 제시하는 파우스트의 거래는 너무도 유혹적이다. 스포티파이의 개인정보 정책 따윌 누가 읽는단 말인가?

5장

지구촌 시대의 음악

음악과 세계화

1492년 크리스토퍼 콜럼버스가 인도를 찾아 나섰다가 아메리카대륙을 발견했다. 그가 항해한 길을 따라 전 세계 무역 경로가 만들어지고, 기독교 포교 활동이 시작되었다. 궁극적으로는 유럽이 세계 대부분을 식민지로 삼아 자원을 대거 쓸어갔다. 여행 때 유럽인들은 음악을 이용했다. 없어서는 안 될 포교 수단이었다. 포르투갈인들은 1541년부터 1577년까지 일본인 10만 명을 기독교도로 개종하게 했다. 당시 오르간티노 그네키 신부는 교토에서 쓴 편지에서 "내게 오르간과 악기가 더 있었다면 일본을 1년 안에 기독교 국가로 만들 텐데"라며 아쉬워했다. 개척자들은 식민지에 정착하면서 집처럼 편안한 장소를 꾸렸고, 여기에 음악이 빠지지 않았다. 캘커타(현재 콜카타)는 1771년 영국령 인도의 사실상 수도가 되었다. 20년도 안 되어 (영국 치프사이드와 헤이마켓 지역에 있던) 롱맨 앤드 브로더립 Longman & Broderip이 그곳에 악기점을 열었다. 그들이 들여온 하프시코드와 포르테피아노를 인도에 사는 유럽 상류층 여성과 딸들이 연주했다. 남성들은 캐치 클럽을 결성해, 저녁 식사를 하고 음악회를 열어 당시 인기를 끌던 캐치 catch와

글리glee[1]를 밤늦도록 노래했다. 고전음악이 취향인 사람들을 위해서는 캘커타 밴드가 아르칸젤로 코렐리, 헨델, 하이든 등의 음악으로 음악회를 열었다.

이 세 음악가는 세계로 수출된 18세기 유럽 음악 목록에서 맨 위를 차지한 이름이었다. 모차르트가 스승 하이든에게 언어를 몇 개나 아느냐고 놀리자 하이든은 이렇게 응수했다. "내 언어는 세계 전역에서 통하는 언어라네." 19세기가 되자 오페라도 세계에서 통하기 시작했다. 남유럽 국가들의 식민지(혹은 옛 식민지)에서 특히 인기를 누렸다. 예컨대 리우데자네이루에서 오페라는 상류사회의 중심축이었다. 1827년의 한 신문 기사는 자국 문화를 흉악하게 묘사하여 유럽의 오페라와 대조한다.

> 로시니의 음악이 제국 극장에 모인 훌륭한 관중을
> 사로잡을 때 (…) 원주민들은 (…) 제국의 교양 있는
> 수도와 멀리 떨어진 곳에서 마치 트럼펫이나
> 되는 듯 귀에 거슬리는 소뿔 소리를 내며 길 잃은
> 여행자를 잡아 팔다리를 자른다.

그로부터 9년 전 서아프리카 가봉에서도 두 문화를 이렇게 기이하게 대비한 사례가 있었다. 1818년 영국의 박물학자(겸 피아니스트) 세라 보디치는 동족을 잡아먹는 풍습이 있다는 내륙 오지에서 온 알비노 노예를 만났다. 그녀를 보자마자

---

1. 캐치는 돌림노래의 일종이고, 글리는 남성 3성부·4성부 합창곡을 말한다.

노예는 "목이 터지라 온 힘을 다해 헨델의 '할렐루야'
(오라토리오 〈메시아〉에 나오는 그 합창곡이다) 선율을
불렀다. (…) 아프리카의 불모지에서, 그와 같은
존재로부터 이런 합창곡을 마주하자 나는 말로 표현할 수
없는 감흥을 느꼈고, 기가 막힌 우연에 경악했다."

이제 세계화 시대의 음악에는 이런 영화 같은 만남이나
집과 같은 편안함 이상의 의미가 있다. 리우데자네이루의
기자와 보디치의 말 기저에서 우리는 유럽 음악의 보편성에
대한 확신을 감지할 수 있다. 식민주의 및 제국주의 사상
체계에 박힌 유럽 문명이 절대적으로 우월하다는 신념은
수 세기 동안 이어진 경제적·인간적 착취를 정당화했다.
그림 13은 이런 일면, 건축의 위대함이라는 보편적인 가치를
정할 권리를 서양에만 몰아주는 측면을 나타낸다(고대
이집트는 자격이 되고, 고대 인도와 중국은 안 된다). 또다른
측면은 서양 예술의 내재적인 보편성이 제국 헤게모니의
상징 역할을 한다는 사실이다. 특히 음악의 경우 과학적
원칙에 근거하고 있으며 감정을 건드리는 힘이 다른 음악은
도저히 따라갈 수 없다고 여겨졌는데, 유럽인들만 그렇게
본 게 아니었다. 이렇게 인위적이면서 자연처럼 행세하는
음악은 현 상황을 자연적인 것으로 보게 하고, 제국의 식민지
개척을 세상이 원래 그런 양 포장했다. 음악이 보편적인
언어라는 주장은 이렇게 자연처럼 보이는 면에 기대고 있다.
하지만 이런 생각에는 문제가 있다. 모든 문화에 우리가
'음악'이라고 부르는 것에 부분적으로 대응하는 면이
조금이라도 있는 것은 사실이지만, 그렇다고 모든 음악이
공유하는 보편적인 특징이 존재한다고 단정할 수는 없다.

'보편적'이라는 단어를 보면 경계해야 한다. 포스트식민주의 학자 호미 바바의 말처럼 "보편주의는 (…) 자민족 중심적인 규범, 가치, 이해관계를 보지 못하게 가린다."

음악이 밖에서 제국을 정당화하는 데 기여했다면, 자국에서는 외국 문화를 재현하는 수단으로 활용되었다. 외국을 다르고 열등한 것으로 묘사했다. 음악은 포스트식민주의 이론가 에드워드 사이드가 오리엔탈리즘이라고 부른 것의 교과서적인 예다. 문화적 재현을 제국의 힘을 나타내는 도구로 활용한 것이다. 19세기가 되면 낯선 문화를 나타내는 정형화된 음악 어휘들이 마련되었다. 구불거리고 화려하게 몰아치는 선율, 표준화되지 않은 음계, 증음정의 빈번한 사용. 어렴풋이 중동 음악을 연상시키는 이런 표현들은 서양 외의 지역을 그저 다른 존재로 뭉뚱그려 나타내는 데 사용되었다. 문화적·인종적 차이를 상징화하는 경향은 20세기 전반기에 극단적으로 치달았다. 버지니아 출신의 작곡가 존 파웰은 1916년에 '인종적 순수함 보존 협회'를 창설했을 정도로 노골적인 인종차별주의자였다. 그는 순수한 앵글로색슨 문화의 이념을 구현하려 할 때는 온음계 민속 선율을 바탕으로 A장조 교향곡을 작곡했고, 반대로 〈니그로 랩소디〉에서는 비표준적인 음계를 철저한 반음계 양식으로 쌓아올려 식인食人 의식을 표현했다. 이렇게 음악은 '그들'을 악당으로 만들어 반대급부로 '우리'를 구성하는 수단이 된다. 파웰 같은 음악가에게 이질적인 음악 전통을 뒤섞는 융합은 다른 종족 간의 혼인이나 마찬가지였다. 이것은 음악이 유해한 문화적 가치와 뒤얽혀 분열을 조장하는 한 가지 예일 뿐이다(이 문제는 뒤에 가서 다시 살펴보겠다).

지금까지 나는 음악이 어떻게 정치적·이데올로기적
헤게모니를 강화하는 데 이바지할 수 있는지 설명했다.
반대로 음악으로 권력을 무력화하거나 파헤치거나 이에
저항할 수도 있다. 음악은 접경지대를 마련한다. 예를 들어
반유대주의가 횡행했던 1900년의 빈에서 고전음악
연주회는 유대인과 비유대인이 같은 공간에서 잠시나마
인종에 대해 잊도록 했다. 앞에서 재즈를 일종의 접경지대로
바라본 스털링 브라운의 사례도 언급했다. 가스펠에서
포크, 프리 재즈에 이르는 음악 장르들은 1950~60년대 미국
시민권 운동에 집중적인 힘을 보탰다. 1977년 섹스
피스톨스의 〈신이여 여왕을 보호하소서 God save the Queen〉는
전후 영국의 기성세대를 향한 한 세대의 경멸을 표명했다.
1987년부터 1991년까지 음악은 라트비아, 리투아니아,
에스토니아에서 '노래 혁명'을 일으켰다. 수많은 군중이 모여
애국적인 노래를 불렀고, 세 나라 모두 소련으로부터 독립을
쟁취했다. 2012년 마오리계 가수·기타리스트·프로듀서인
티키 타아네 Tiki Taane는 뉴질랜드 심포니 오케스트라와
손잡고 '현과 함께 하는 with strings attached'이라는 이름의 협업
프로젝트를 시작했다. 여기서 눈여겨볼 점은 티키가
오케스트라 멤버들을 자신의 문화 영역으로 초대하는 것처럼
기획했다는 사실이다. 공인된 백인 집단이 대체로 공허한
통합의 제스처로 흑인 예술가들을 자신의 영역에 초대하는
일관적인 관행을 뒤집은 것이다. 올리 윌슨은 말한다.
"티키는 식민 지배 경험을 자기 것으로 만들고, 고유한
방식으로 이러한 경험의 본질을 정의한다." 이것은 내가
1장에서 주장했던 논점, 그러니까 음악은 사회적·정치적
이데올로기를 그저 반영하는 것이 아니라 그 자체로

행위성을 갖는다는 논점과 맞닿아 있다. 이렇게 하여 음악은 제대로 조망되지 않은 피지배 민족의 경험을 드러낼 수 있다. 온통 검거나 흴 뿐인 식민지 역사에 미묘한 명암을 더한다.

다른 예술들처럼 음악은 식민지 해방과 건국의 맥락에서 정체성을 다지는 수단으로 활용되었다. 잠시 음악 외의 이야기를 해보자. 브라질리아는 1960년에 브라질의 새로운 수도로 정해지면서 유럽에서 처음 발전한 뒤 개발도상국으로 확산된 모더니즘 건축 양식을 철저하게 따르도록 설계되었다. 브라질의 건축가 오스카르 니에메예르가 진두지휘한 브라질리아는 유럽에 경의를 표한 것이 아니다. 국제적 양식의 건축은 말 그대로 특정 국가나 지역을 초월한 유산임을 주장한 것이다. 요컨대 브라질리아는 모더니티가 유럽이나 북아메리카의 것이 아니라 세계의 것이라는 선언문과도 같다. 하지만 이 사실은 여러분이 건물을 보고 곧바로 파악하기 어렵다. 맥락과 해석의 문제다.

음악도 마찬가지다. 19세기 말 서양의 경제력과 군사력을 접하고 자극을 받은 일본이 포괄적인 현대화 계획을 시행하면서, 그 일환으로 서양 음악이 일본에 들어왔다. 그저 유럽의 음악가들을 데려온 것만이 아니었다. 교육 체계를 개혁하면서 서양 스타일의 집단 가창과 기보법을 가르쳤고, 아울러 일본 음악가들을 외국으로 보내 교육시켰다. 중국도 마찬가지로 더 넓은 문화적·과학적· 정치적 프로그램의 일환으로 20세기 초에 비슷한 음악 현대화 과정을 밟았다. 때마침 상하이에서 국외 거주자들을 위한 서양 오케스트라 음악이 발달했다. 상하이 시립교향악단은 한 세기도 더 전에 인도에서 캘커타 밴드가

했던 바로 그 역할을 했고, 1920년대 말이 되면 고정적으로
찾는 중국인 청중도 생겼다. 1927년에는 국민당 정부가
국립음악원(현재 상하이음악원) 설립을 지원해 서양 음악을
집중 육성했다. 이로써 서양 고전음악이 오늘날 중국의
독자적인 근대성을 표현하는 수단으로 자리 잡는 기반이
마련됐다.

서양의 양식을 소개하는 것만큼이나 중요했던 것이
전통 중국 음악의 현대화였다. 이를 위해 특히 1949년
공산당 집권 이후 서양 음악과 중국 음악을 아우르는 새로운
음악원이 설립되었다. 전통 악기들이 과학적 원칙에
의거하여 현대화되었다. 조율을 표준화하고 악기를 다양한
크기로 만들어 서양의 현악기들처럼 함께 연주할 수 있도록
했다. 그리고 다른 나라에서 그랬듯이 현대화한 중국
악기들을 사용하여 서양 오케스트라와 같은 대규모 앙상블을
꾸렸다(그림 20). 민속 음악도 현대화의 길을 걸었다.
서로 다르고 무관했던 음악과 무용의 전통을 하나로 통합한
정식 공연단이 결성되어 현대적인 행정 체계에 편입되면서
음악은 국가 활동의 일부가 되었다. 사회적 관행도
현대화되어 전통 음악이 거리와 찻집에서 공식 콘서트홀로
넘어왔고, 착석한 청중 앞에서 국가 공무원인 전문가들이
연주했다. 오늘날 '전통'으로 지칭되는 것은 이런 현대화된
음악이며, 용케 살아남은 진짜 민속 전통은 촌스럽고
아마추어적이라고 폄하되는 경향이 있다.

가장 심오한 변화는 서양식 기보법의 도입으로
일어났다. 일부 국가에서는 현대화 과정에서 새로운 문자를
채택하기도 했는데, 튀르키예공화국이 한 예다. 튀르키예는

그림20. 중국 오케스트라. 2015년 8월 캐나다 에드먼턴에서 열린
〈중국 음악의 매혹적인 리듬〉이라는 음악회의 한 장면으로, BC 차이니스
오케스트라와 에드먼턴 차이니스 필하모닉 협회 멤버들이 무대에 섰다.

1920년대에 케말 아타튀르크가 세속화와 서구화 정책을
추진하며 아랍 문자를 버리고 로마 알파벳을 택했다. 새로운
음악 기보를 택하는 것은 이보다도 더 급진적인 변화를
가져온다. 기보마다 음악 소리를 꽤 다른 방식으로 분할할 수
있기 때문이다. 서양의 기보법은 일곱 음으로 음계를 만들고
여기에 반음 다섯이 더해져서 한 옥타브에 총 열두 음이
들어간다. 서양 외 지역의 음계는 이와 대단히 다르다. 음이
더 많고(혹은 더 적고) 옥타브를 다른 방식으로 쪼갠다. 또
하나, 서양의 악보를 보면 규칙적으로 박이 오고(같은 간격에
강박이 놓인다), 음표 길이는 2의 배수로 정렬된다(2분음표,
4분음표, 8분음표 하는 식으로). 달리 나누는 경우도
있지만(셋잇단음표) 투박하고 제한적이다. 이런 식으로

작동하지 않는 음악을 오선보로 옮기는 것은 안 맞는 구두에
발을 집어넣는 꼴이다. 서양 음악의 범주에 끼워 맞춰 거짓된
동일성을 부여하게 된다. 사피어와 워프가 아메리카
원주민들의 언어를 번역하면서 마주쳤던 문제가 떠오른다.

　　새로 설립된 중국 음악원들이 전통 음악에다 서양식
기보법을 적용하면서 음악을 사고하고 연주하는 방식이
침범당했다. 특히 즉흥연주 관행이 타격을 받았다.
얼후二胡라는 중국 현악기 연주자들은 연주하는 곡의 음
하나하나를 다 기억하기보다는 선율의 윤곽과 형식의 윤곽을
내면화하고 연주를 통해 이런 윤곽을 정교하게 다듬는
원칙을 터득했다. 그러므로 같은 곡도 상황마다 연주자마다
꽤 다르게 연주할 수 있다. 하지만 1949년 음악원 시대
이후로는 세세한 기보와 리허설을 거쳐 연주해야 했다.
마치 모차르트의 바이올린 소나타처럼 음악이 고정되었다.
음악원 연주자들 입장에서 보면 그들은 이전과 똑같은
음악을 연주하고 있었다. 다만 기보된 음악을 세심하게
리허설하여 연주함으로써 음악을 더 과학적으로,
더 예술적으로, 더 진정하게 연주하는 듯 느꼈다. 서양의
평론가들은 이를 전통의 상실로 보았다.

　　지금까지 나는 서양의 음악 양식, 기술, 사고방식이
전 세계로 확산된 것에 대해 이야기했다. 하지만 이는
양방향으로 작동한다. 유럽은 나머지 세계의 물질적 자원을
멋대로 가져가 썼듯이 그 음악 또한 전유했다. 다만 그
과정의 역학은 복잡하다. 영국 제국은 대체로 그들의 우위를
확신하고 원주민을 얕보는 백인 식민주의자로 묘사된다.
하지만 제국 말기에 쓰인 글들, 대표적으로 서머싯 몸의

단편을 읽어보면 제국의 경험에서 제대로 조명되지 않은 일면을 깨닫게 된다. 서양 문명이 잃어버린 특징들을 피지배 민족이 보유하고 있다는 인식이다. 우선 동양의 영성이 있다. 이것은 구스타브 홀스트의 음악에 의식적으로 반영되며 나중에 비틀스와 사이키델릭 록으로도 흘러들었다. 아프리카와 남아메리카 음악에서 두드러지는 리듬의 활력도 있다. 그리고 이는 유럽만의 현상이 아니다. 서양인들이 흑인 소수자들의 진정성과 기량을 부러워하는 것—인종적으로 그들이 열등하다는 믿음에 반드시 위배되는 것은 아니다—은 중국 한족이 중국의 다른 소수민족들을 대하는 태도에서도 나타난다.

우리는 음악의 구술 전통과 기보 전통 모두에서 이런 양방향의 흐름을 볼 수 있다. 기보 전통과 관련하여 나는 서양 음악이 건국의 도구로 활용되었고, 역으로 서양 음악가들은 음악적 혁신을 찾아 다른 문화로 눈을 돌렸다고 말했다. 하지만 사정은 그보다 더 복잡했다. 다른 전통을 배움으로써 서양 음악가들이 자국의 문화를 새로운 방식으로 보게 되었다면, 서구 바깥의 음악가들은 서양 음악에 반영된 모습을 통해 자국의 전통을 발견했다(미국 작곡가 존 케이지를 통해 전통 일본 음악의 가치를 알게 되었다고 말한 다케미쓰 도루가 좋은 예다). 동시에 '서양'의 의미가 갈수록 흐려지고 있다. 중국의 음악가가 서양으로 이민을 가서 명성을 얻기도 하고(탄둔과 취샤오쑹), 그보다는 훨씬 드물지만 서양 작곡가가 다른 문화권에서 창작하면서 당당히 그 일원으로 인정받는 일도 있다(미국 작곡가 마티 리건은 일본에서 전통 일본 악기로 작곡하여 새로운 음악을 개척했다는 평가를 받는다). 음악은 분열의 엔진일 수도 있지만, 이렇듯 지역·국가·인종의 장벽을 허물 수도 있다.

한편 구전 중심의 대중음악 장르에서는 세계화가 놀라운 정도로 진행되었다. 그 바탕에는 독자적인 문화를 가진 아프리카 여러 지역에서 미국 농장으로 끌려온 노예들과 함께 시작된 융합의 오랜 역사가 있다. 다양한 아프리카 전통과 서양 전통이 뒤섞이면서 새로운 문화가 형성됐다. 남부 지역에서, 그리고 나중에 많은 흑인들이 이주해 간 북부 도시에서 리듬의 반복, 그루브 중심의 소리결, 독특한 발성, 즉흥연주를 특징으로 하는 장르들이 등장했고, 고전음악 전통에는 유례가 없는 화성적 사고를 앞세우며 재즈가 발달했다. 이로써 서양 내에 위치하면서 다른 원칙과 관행을 가진 새로운 음악 문화가 생겨났다. 이는 '음악'이 서양의 고전음악보다 훨씬 더 넓은 의미를 갖게 된 배경이다.

미국 대중음악의 이런 뿌리 깊은 융합 전통은 세계 곳곳으로 퍼져갔지만, 단순히 중심에서 변방으로 전달된 것만은 아니었다. 영국은 미국의 로큰롤을 일찌감치 받아들여 나름대로 변형해 미국에 재수출했다(1960년대 중반의 이른바 '영국의 공습British Invasion'). 아프리칸-아메리칸 음악 장르가 아프리카로 넘어가고 다시 다른 곳으로 재수출되면서 더 복잡한 상호작용이 일어났다. 그리고 전 세계적인 대중음악은 세계 곳곳에서 소비되기만 한 것이 아니라 만들어지기도 했다. 예컨대 칸토팝, 제이팝, 케이팝은 전 세계에서 청중을 얻었다. 이런 현상은 기원을 따지자면 '세계 음악의 아프리카화'라고 부를 수도 있다. 오늘날 폭넓은 인기를 누리는 문화적 관행은 결국 국경을 복잡하게 넘나든 결과물이다. 아울러 문화·경제·정치의 영향력이 항상 나란히 작동하지는 않음을 알 수 있다.

음악은 천성적으로 확산되는 성격이 있어서 전 세계적 현상이 된다. 사람들은 자신이 듣는 것을 저도 모르게 모방한다. 그렇게 음악은 인터넷 밈처럼 문화를 넘어 빠르게 확산되며, 이를 가로막는 것은 오로지 운송·통신 기술의 장벽뿐이다(하루에 50킬로미터를 달리는 마차, 200킬로미터를 가는 선박에서 초당 100메가비트 속도로 전송되는 고속인터넷 연결까지). 조 코커와 에이미 와인하우스 같은 영국 록 가수의 창법은 미국 백인 록 가수의 창법을 모방한 것이고, 이것은 원래 미국 흑인의 창법을 모방한 것이다. 이러한 '블랙 보이스'는 미국 대중음악의 토대라 할, 백인이 흑인 분장을 하고 무대에 섰던 '민스트럴 쇼' 전통에서 이어진 것이다. 이는 그저 하나의 창법이자 문화의 결합이기만 한 것이 아니라 인종적 역할극이기도 하다. 1978년까지도 〈블랙 앤드 화이트 민스트럴 쇼〉가 영국 텔레비전에 방영되었다는 사실에 놀라는 사람도 있겠지만, 음악가들은 지금도 목소리를(아리아나 그란데의 경우에는 어쩌면 모습도) 흑인처럼 꾸민다. 이런 모방은 융합을 낳는다. 존 파웰이 비난의 뜻으로 썼던 음악적 융합은 20세기 말에는 다양한 음악 전통이 상호존중 속에 서로 영향을 주고받으며 생겨난 창조적 활력의 표현으로 상찬되기에 이르렀다.

10~20년 전이라면, 앞선 문장을 아무런 망설임 없이 썼을 것이다. 하지만 지금은 가슴 아프게도 낡은 말처럼

들린다. 세계 여러 지역에서 새로운 민족주의가 확산되면서
서로 다른 문화적·인종적 집단이 생산적으로 공존하기가
힘들어졌다. 음악 역시 이런 상황에서 벗어나지 못한다.
19세기에 무차별적으로 '그들'을 묶어 '우리'를 규정했던
낯선 문화의 정형화된 언어가 최근에 다시 등장했다.
20세기에 미국 백인 가수들이 흑인 가수들을 모방했다면,
흑인 미국 가수들도 어떤 면에서는 그렇게 했다. 상업적으로
성공하려면 흑인처럼, 미국 백인이 생각한 진정한 흑인
가수의 창법으로 불러야 했다. 이런 상황은 오늘날
중국에서도 나타난다. 소수민족이 음악가로 성공하려면
한족의 기대에 맞춰야 한다. 요컨대 음악에는 인종적
스테레오타입이 여전하다. 존 파웰이 작곡한 백인 우월주의
작품은 국가사회주의 블랙메탈 같은 네오나치 장르뿐만
아니라 백인의 힘을 강조하는 주류 극보수주의 음악으로
계승된다. 음악은 국가와 인종의 장벽을 허물 수 있지만,
여전히 분열을 조장하는 엔진 역할을 한다.

음악에 천성적으로 진보적인 면이 있다고 생각하고
싶을 것이다. 적응하고 자기 것으로 소화하는 유연한
스타일을 앞세워 포퓰리즘의 바탕이 되는 화석화된 범주와
날조된 과거에 맞설 수 있다고 말이다. 하지만 그것은
희망 사항이다. 음악은 좋은 힘일 수도, 나쁜 힘일 수도 있다.
그저 힘일 뿐이다. 그 힘을 좋거나 나쁘게 쓰는 것은
사람들이다.

월드뮤직

어떻게 보면 인터넷으로 인해 모든 음악이 월드뮤직이 되었다. 세계 어디에 있든 듣지 못하는 음악은 없다. 세상의 음악을 총망라한 주크박스가 만들어져서 연결만 되면 이를 즐길 수 있다(모두가 이런 형편인 것은 물론 아니다).

오프라인에서는 많은 음악 전통들이 디아스포라 공동체와 이주 노동자들을 통해, 혹은 지리적 태생이나 인종적 정체성을 상관하지 않는 음악가들과 청자들의 활동을 통해 세계로 나아간다. 이런 기준에서 보면 서양의 고전음악·재즈·로큰롤 모두 월드뮤직이며, 이슬람 예배 음악이나 발리우드 곡, 다양한 동아시아 팝 음악 등 서양 외의 지역에서 시작된 음악 전통도 마찬가지다. 이런 범주 내에서도 특별히 세계화된 장르들이 있다. 중앙아프리카를 제외하면 헤비메탈 밴드가 없는 나라는 몇 안 된다. 2018년 전 세계에서 메탈 음악의 스트리밍 및 다운로드 건수가 전년 대비 154퍼센트 증가하여 음악 장르 가운데 최고를 기록했다(제이팝이 그 뒤를 이었다). 제작비용이 저렴한(스마트폰만 있으면 된다) 힙합은 없는 곳이 없다. 하지만 여기서 나는 전 세계적으로 음악이 창작되고 소비되는 측면보다는 '월드뮤직'이라는 아이디어에 초점을 맞추려고 한다. 우선 이 용어가 사용되는 세 가지 용례— 하나는 대단히 상업적이고, 다른 둘은 좀 더 사변적이다—에 대해 살펴본 다음 네 번째 용례를 제안하겠다.

첫 번째 용례는 '월드뮤직'이라고 말할 때 사람들이 생각하는 바로 그것이다. 이것은 시작된 날짜와 장소가

있다. 날짜는 1987년 6월 29일, 장소는 런던 북부의
엠프레스오브러시아라는 술집 위층 방이다. 이날 런던에
본거지를 둔 여러 음반사 대표들이 모여 서양의 팝
음악과 서양 외 지역의 사운드를 결합한 장르(성악과 기악
모두)를 어떻게 하면 더욱 효과적으로 마케팅할지 논의했다.
폴 사이먼이 남성 합창단 레이디스미스 블랙 맘바조 등
남아프리카 지역 뮤지션들과 협업하여 한 해 전 발매한 앨범
《그레이스 랜드》가 전 세계적으로 성공하면서 이 같은
결합의 상업적 잠재력을 입증했다. 다만 음반 가게는 이런
음반을 어디에 비치해야 할지 몰랐고, 고객들은 어디서
찾아야 할지 몰랐다. 회의에서 대표들은 새로운 장르를
'월드뮤직'이라고 부르기로 합의했다(이름 후보에는
더 정확한 표현인 월드비트를 포함하여 트로피컬, 핫 비트
등이 있었다). 후속 회의에서 그들은 3500파운드를 들여
공공 캠페인을 열기로 합의했는데, 결과적으로 역사상 가장
효율적인 투자가 됐다.

　　이날 대표들이 합의하지 못한 것이 있었으니
'월드뮤직이 실제로 무엇인가' 하는 문제였다. 다들 무엇이
아닌지 말했을 뿐이다(레게, 재즈, 블루스, 포크).
월드뮤직이라는 기치를 내걸고 발달한 장르는 서양 음악이
아프리카에 미친 영향을 설명할 때 민족음악학자 코피
아가우가 사용하는 바로 그 용어로 설명할 수 있다. 그는
서양 음악에 대해 이렇게 말한다. "아프리카 지형의
상당한 부분을 식민지로 삼아 그 몸을 취하고 아프리카 옷은
그대로 둬서, 음악적 배경은 바꾸되 전경의 핵심적인
몇 가지 특징으로 아프리카의 존재를 드러낸다." 마찬가지로

서양에서 발달하여 이제 세계 곳곳에 침투한 팝 스타일이
월드뮤직의 몸(화성, 리듬, 소리 결의 인프라)이 되었고,
서양 외 바깥 지역의 옷(새로운 악기 소리, 연주 테크닉, 발성
패턴)을 그 위에 걸쳤다. 팝이라는 몸은 세계 시장에서
누구에게나 통했고, 지역의 옷은 기발함과 이국적인 내음을
더했다. 사실상 서양 밖에서 온 음악은 타자로 뭉뚱그려지고
지역적인 색채로 쪼그라들었다. 수단이 다를 뿐 식민주의의
기운을 물씬 풍겼다. 그래도 상업적 기획으로서 월드뮤직의
공식은 흠잡을 데가 없었다.

　　다음의 두 가지 '월드뮤직'의 예는 작곡가들이 제시한
것이며 어떻게 보면 서로 거울상이다. 하나는 '벨트무지크
Weltmusik'라는 이름으로 불린다. '월드뮤직'에 해당하는
독일어인데 1970년대 유럽 아방가르드 집단에서 널리
통용된 개념이다. 당시 선봉에 섰던 독일 작곡가 카를하인츠
슈토크하우젠은 이것을 자신이 1966년 도쿄에 있을 때
서양 밖에서 온 여러 음악적 재료들을 테이프에 담아 만든 곡
〈텔레무지크〉와 연관지어 설명했다. 슈토크하우젠이
작곡하면서 목표로 삼았던 것은 "'나의' 음악을 쓰는 것이
아니라 지구 전체의 음악, 모든 국가와 인종의 음악을
쓰는 것"이었다. 3년 뒤에 그는 〈텔레무지크〉가 "더 높은
통합, 과거와 현재, 미래의 보편성을 이루었다"고 주장했다.
그리고 그로부터 4년 뒤 〈벨트무지크〉라는 제목의 글을
발표한 그는 기존의 음악 문화들을 해체하고 "통합된 세계
문화"의 유토피아 비전으로 재조합하는 모습을 상상했다.

　　"유럽인이 발리 음악을 경험할 수 있고, 일본인이
모잠비크 음악을, 멕시코인이 인도 음악을 경험할 수

160

있다"는 그의 말에서 보듯 슈토크하우젠은 월드뮤직을
공평한 장에서 벌이는 집단 프로젝트로 제시한다. 하지만
그가 사용한 단어에서 본심이 드러난다. 그는 "다른 음악
문화 사람들은 (…) 광이 나는 검은색 스타인웨이 피아노"의
완벽함에 틀림없이 매료될 것이라고 말한다(검은 대륙의
미개인들이 이런 새로운 물신 숭배 대상 앞에서 절하는
모습을 떠올리게 해 섬뜩하다). 뒤에 가서는 이렇게 적는다.
"우리는 유럽의 문화적 수준이 다른 모든 사람들을
계속해서, 심지어 점점 더 매료하리라는 생각에 익숙해져야
한다." 요컨대 그가 말하는 벨트무지크는 결국 유럽 중심의
프로젝트다. 이것은 유토피아라기보다는 쇤베르크의
전통으로 세계를 지배한다는 환상에 가깝다. 쇤베르크는
50년 전에 자신이 만든 음렬주의로 인해 "앞으로 100년 동안
독일 음악이 우위를 확보하게 되었다"고 주장했다. 사실
슈토크하우젠이 보편성 운운한 것만으로도 우리의 의구심을
자아내기에 충분했으리라(바바의 말을 기억하자).

거울상을 제시한 사람은 중국 태생으로 스물세 살에
미국으로 건너가 뉴욕 컬럼비아대학을 중심으로 활동한
작곡가 추웬청이다. 그는 신화적인 과거에서 출발한다. 그는
서양과 동양의 음악 전통이 같은 기원에서 뻗어나왔으며
지금도 우리가 양쪽을 들으며 공통점을 느낄 수 있는 이유가
여기 있다고 말한다. 하지만 동양과 서양이 나뉘면서
이런 유산의 일부를 잃고 말았다. 동양 전통은 음색의
섬세함과 영혼의 함양(홀스트와 비틀스를 떠올려보라)부터
낯선 영향력을 생산적으로 소화해내는 능력에 이르기까지
핵심적인 미적 원칙들을 간직하고 있다. 서양 음악은

이런 것을 잃은 대신 테크닉(주제 발전, 대위법, 화성, 조성)
면에서 아시아 음악보다 낫다. 추는 둘의 강점을 결합한
"재통합re-merger"을 작곡의 목표로 삼았다. 이보다 더 대담한
주장도 했다. "모든 음악 문화가 융합하여 음악 전통의
새로운 조류를 만들어가고 있음"을 우리가 목격하고 있다는
것이다. 그는 "음악적 지류들이 거침없이 흘러 월드뮤직으로
모여드는 것을 우리 생애에 목격할 수 있다"고 했다. 추는
2019년 아흔여섯 살에 세상을 떠났다.

이런 세 가지 관점 모두는 월드뮤직이 서양 음악과
비서양 음악의 융합(슈토크하우젠의 '통합된 세계
문화')이라는 생각에 의거하고 있다. 하지만 월드뮤직을
양식의 융합이라기보다 독자적이면서도 서로 맞물린
문화들의 상호작용을 촉진하는 전 세계적으로 연결된 음악
활동 네트워크로 볼 수도 있다. 이런 관점에서 가장 유력한
후보는 서양 고전음악의 모더니즘 전통이다. 실제로
슈토크하우젠과 추웬청이 생각한 월드뮤직은 여기서 나왔다.
하지만 나는 그 둘을 거울상으로 묘사하면서 결정적인
차이 하나를 간과했다.

슈토크하우젠은 오로지 서양 음악 교육만을 받았다.
이와 달리 추웬청은 미국으로 가기 전에 중국 음악과
서양 음악을 모두 접했고, 나중에는 독일계 미국 작곡가 오토
루에닝, 프랑스계 미국 작곡가이자 전자음악의 개척자
에드가 바레즈와 함께 공부했다. 그는 아시아 감수성을
자신의 곡에 담아내는 일에 전념했지만, 그럼에도
탄둔(컬럼비아에서 추와 함께 공부했다), 취샤오쑹(역시
컬럼비아에 있었고 나중에 중국으로 돌아갔다)과 마찬가지로

서양 고전음악의 모더니즘 전통에 속한 작곡가였다.
20세기 동안 수많은 나라에서 벌어진 현대화 과정의 결과로
오선보나 전자음향 미디어를 이용하는 이런 모더니즘
계열의 작곡가들은 헤비메탈 밴드만큼이나 많은 나라에서
볼 수 있다. 성공한 작곡가들은 세계를 오가며 때로는
여러 대륙에서 동시에 경력을 펼친다. 그들은 뉴욕, 런던,
상하이 등지에 살면서 세계 다른 곳에서 벌어지는 일들을
파악하고 이에 반응한다. 스스로 문화는 달라도 서로 연결된
유산을 갖는 작곡가들의 국제적 공동체로 여긴다. 이런
면에서 고전음악은 월드뮤직이다.

　　　작곡만이 아니다. 전 세계 고전음악 활동의 대부분을
차지하는 연주와 소비도 있다. 이 또한 월드뮤직이다. 지명도
높은 지휘자들과 피아니스트들이 세계를 무대로 활동하기
때문만도 아니다. 나는 중국에서 서양 고전음악이 일찍이
발달한 것을 현대화 프로그램의 일환으로 설명했다. 이후
고전음악은 정치 상황 때문에 가정으로 쫓겨났던 문화대혁명
시기를 제외하고 중국인들의 공적 삶에서 굳건한 자리를
차지하고 있다. 1976년 마오쩌둥이 죽고 나서 서양
고전음악은 새로운 중국식 자본주의 경제의 상징이 되었다.
시골에서 이주한 사람들로 넘쳐나는 도시 중심지에서
18~19세기 유럽 음악은 (19세기 유럽에서 벌어졌던 상황과
비슷하게) 갈수록 부유해지는 중산층 사회의 일부가
되었으며, 급기야 2008년 베이징올림픽에서는 고전음악이
국가의 자부심을 나타내기도 했다. 호수가 내다보이고
5452명의 청중을 수용하는 톈안먼 광장 근처의 국가대극원
(그림 21)이 올림픽 개막에 맞춰 완공되었다. 티타늄과

그림21. 중국 국가대극원, 베이징.

유리로 지어진 휘황찬란한 이 공연장에는 상주 오케스트라가
있으며 해외 투어 프로그램도 진행한다. 랑랑, 윤디 리,
유자 왕 같은 세계적인 피아니스트들은 중국을 대표하는
문화 사절로 여겨진다.

이런 의미에서 고전음악은 또다른 월드뮤직이라고 할 수
있다. 다만 그것은 점점 더 경제적·환경적으로 얽히고
글로벌화되는 세계, 코스모폴리탄적인 세계의 음악이다.
원래 특정 장소, 민족, 역사와 연관되었던 음악들이
이제는 전 지구적으로 연결된 문화의 접속 통로가 되었다는
뜻이다. 사람들은 중국인 음악가가 모차르트를 멋지게
연주하면 종종 놀랍다는 반응을 보인다. 마치 모차르트를
연주하는 능력이 유전자에 새겨져 있기라도 하듯 말이다.
하지만 음식은 그런 식으로 생각하지 않는다. 중국 음식을
요리하는 프랑스 요리사에는 아무도 놀라지 않는다.

전문 요리사라면 다양한 요리법을 터득해야 한다는 것은
평범한 기대가 되었다. 음악도 마찬가지다. 음악학자
데릭 스콧의 말처럼 "전문 음악가라면 이제 상당수의 문화
전통에 속한 음악을 해석하고 연주하는 상황이다."
요리사와 연주자에게 해당하는 것은 그들의 고객에게도
해당된다. 우리는 프랑스인이 중국 요리를 먹거나
중국인이 프랑스 요리를 먹는 것에 의아해하지 않는다.
마찬가지로 사람들은 기분에 따라 스트리밍 서비스로
언제라도 들을 수 있는 프랑스 고전음악, 1970년대 미국 록,
제이팝 가운데서 선택한다. 아울러 특정한 음악 스타일에
더 지속적인 애정을 드러낸다. 내가 4장에서 말했듯이
음악은 자동차, 실내장식, 옷과 마찬가지로 소비주의
정체성을 이루는 양태 가운데 하나일 뿐이다. 바로 이것이
음악이 청자와 소비자를 중심으로 구축된 가치 체계를
구현하게 되었다고 내가 말했던 의미다. 생활양식으로서의
음악은 이제 세계라는 무대에서 펼쳐진다.

　　이런 식의 소비 지향적 세계주의, 그리고 이와
연결되는 유명인 문화가 사회적·경제적 불평등에 바탕을 둔
글로벌 체계의 일부로 윤리적으로 부패하며 환경적으로
지속 불가능하다고 보는 사람들이 있다. 아일랜드계
영국인으로 크레타 리라를 전공하여 그야말로 월드뮤직
음악가의 모범적 예인 로스 댈리는 음악적 세계주의자를
집중 공격한다.

　　최신식 하이파이 장비를 모두 갖추고 수백 장의 CD,
　　음반, DAT 녹음에 둘러싸여 서아프리카 그리오griot[2]를

들다가 일본 고토[3] 음악을 듣다가 벵골 음악을 듣는
월드뮤직 광들이 있는데, 그들에게 음악에 대해
물어보면 아무것도 모른다는 것을 깨닫게 된다. 문화적
배경과 사람들에 대해 아는 바가 전혀 없다.

댈리가 내린 처방은 음반은 넣어두고 공연을 더 많이 보러
가라는 것이다. 우리가 그러기 전에는, 사람들을 음악으로
다시 불러들이기 전에는 "월드뮤직에 대해 논하는 것이 (…)
시기상조"라고 댈리는 말한다.

2. 역사적 내용을 읊는 음유시인.
3. 가야금과 비슷한 일본의 전통 악기.

글을 마치며

댈리는 앞서 말한 글을 1992년에 썼지만(그래서 지금은 한물간 DAT 포맷이 거론된다), 당시에도 그가 생각하는 월드뮤직에는 음악을 실황으로만 들었던 옛 시절에 대한 그리움이 배어 있다. 그는 다양한 문화에서 온 음악가들과 음악 애호가들이 서로 얼굴을 마주보는 만남을 이야기한다. 하지만 현실에서는 음악을 헤드폰으로 듣거나 이 책 서두에서 설명한 프루덴셜 광고처럼 복잡하게 매개된 형식으로 들을 때가 훨씬 많다. 이런 상황에서도 음악은 인간적인 의미를 잃지 않는다. 사실 프루덴셜 광고는 내가 이 책 곳곳에서 이야기한 음악의 의미와 관련하여 많은 것의 예가 된다. 몇 가지만 거론하자면, 이 광고는 확고한 가치를 담아내고 거의 즉각적으로 전달하는 음악의 능력에 기댄다. 음악이 사람들의 정체성과 자아 인식에 어떻게 관여하는지도 보여준다. 그러는 동안 내레이션은 19세기에 베토벤 팬들이, 20세기에 시나트라 팬들이, 21세기에 리아나 팬들이 경험한 것과 같은 수준의 내밀함, 즉 대리 친밀감과 직접성으로 시청자에게 말을 건다. 아울러 프루덴셜이 여러분의 연금 문제의 해결책임을 순수한 음악적 논리로 보여주는 데서 보듯 음악은 감춰진 궁극의 설득 장치다.

음악은 이런 것을 여러분이 알아차리지 못하게 행한다. 인위적이면서 자연처럼 행세하여 감시망을 빠져나간다. 그토록 많은 이야기들이 사람들에게 조심하라고 경고한 힘이 음악에 있다. 유혹적인 노래로 선원들을 홀려 바위에 부딪히게 했던 사이렌, 피리를 불어 동네 아이들을 동굴로 유인하여 다시는 그들 모습을 못 보게 만든 하멜른의 피리 부는 사나이,《반지의 제왕》에 나오는 "낮고 선율적이어서 그 자체가 마법인" 사루만의 목소리(오늘날 세계를 여기저기서 망가뜨리고 있는 포퓰리즘 정치인의 모델이다). 실상 끊임없이 모습이 바뀌는 음악은 자연처럼 행세할 뿐만 아니라 불변의 것인 양 군다(초창기 녹음에 드러난 증거에 사람들이 거부감을 보였던 것을 기억하자). 명맥이 끊겼던 일본의 오랜 궁중 음악 전통 가가쿠雅楽는 19세기 말에 되살아나자 곧바로 일본이라는 나라가 단절 없이 유구하게 이어지고 있음을 상징하게 되었다. 유럽의 식민지에 소개된 서양 음악은 제국의 권력을 보편적인 것처럼 보이게 해 정당화했다. 음악은 성과 인종의 서열도 자연스러운 것으로 만들어 사람들을 겉모습으로 환원하는 경향을 조장한다. 인종은 생물학적으로 정해진 것이 아니다. 이목구비와 피부색은 연속선상에 놓이므로 인종이라는 것은 문화적 구성물이다. 하지만 음악은 사회적 관행을 통해 그와 같은 분열을 영속화한다. 분열을 지우는 능력이 있는데도 불구하고 말이다.

요컨대 음악은 이데올로기의 도구로 작용할 수 있다. 가치와 위계와 정치적 신념을 아닌 척하면서 전달한다. 이데올로기를 뿌리 뽑는 것은 비판이론의 일이다. 사회학자

막스 호르크하이머는 "인간을 노예로 만드는 상황에서
해방시키는 것"이라고 비판이론의 목표를 정의했다.
테오도어 아도르노(호르크하이머의 사회학자 동료였고
쇤베르크의 제자 알반 베르크와 공부한 작곡가이기도
하다)를 통해 비판이론의 개념들이 1980년대와 1990년대에
음악학으로 들어왔다. 덕분에 음악사 서술에서 이전에는
(적어도 공산주의 국가 밖에서는) 찾아볼 수 없던 정치적
날카로움이 생겼다. 전통적으로 인문학에 바탕을 둔
음악학의 방법론에 점차 사회학·인류학·기호학은 물론 젠더
연구와 포스트식민주의 연구의 방법론까지 더해졌다.
종종 '의심의 해석학hermeneutics of suspicion'이라고 불리기도
하는 방향으로 나아가면서 음악 연구의 초점은 권력과
사회 불평등을 정당화하는 음악의 역할에 모아졌고,
아름다움이라는 보편적인 가치에 주로 관심을 쏟는 전통적인
미적 방법론은 (다시 바바의 표현을 빌리자면) 자민족
중심적인 규범, 가치, 이해관계를 보지 못하게 가리는 것으로
여겨진다.

음악은 개인의 삶과 사회적 삶 모두에서 막강한 힘을
발휘한다. 이런 음악의 효과를 이해하는 것은 사진과
딥페이크 영상에 내재한 속임수의 가능성을 알아차리는
것만큼이나 오늘날 세상을 살아가는 데서 중요한 기술로,
미디어 문해력의 일부이다. 영국에서 긴축 재정으로
학교 음악 교육이 위축되어 젊은이들이 그와 같은 기술을
배우는 기회를 빼앗기고, 결국 음악은 특별한 이들만 누리게
되었다. 음악이 '우리'를 구성하도록 돕는 만큼 '그들'도
만든다는 것을 되새겨야 한다. 파웰과 극보수주의 음악,

피리·북이 등장하는 북아일랜드의 유니오니스트 시가
행진 악대가 그 예다. 그렇다고 지나치게 경계하지는 말아야
한다. 이런 부정적인 예들의 반대편에서 〈아프리카를
축복하소서〉가 남아프리카공화국에서 아파르트헤이트
정권의 종식에 기여한 통합의 상징이자 촉진제로서
활약했음을 언급할 수 있다. 합창단 활동을 통해 삶이
달라졌다는 사람들이 많다(오늘날 영국에는 피시앤드칩스
가게보다 합창단 수가 더 많다고 한다). 자격을 갖춘
전문가가 이런저런 장애로 고생하는 사람들과 음악을 통해
관계를 구축해가는 음악 치료 분야도 있다. 이것저것 다
떠나서 그냥 음악이 선사하는 즐거움이 있다. 앞서 말했듯이
음악은 그 자체로는 좋지도 나쁘지도 않다. 음악의 힘은
좋게 쓸 수도 있고, 나쁘게 쓸 수도 있다.

학자들이 음악을 지나치게 의심한다면 저널리스트들은
지나치게 무비판적이다. 2006년 《가디언》에 실린
〈음악은 변화와 선과 화합을 이루는 힘〉이라는 기사를 보자.
"절망적으로 분열되어 있는 지역 젊은이들이 함께 모여
음악을 만들었고, 그 과정에서 서로와 서로의 문화를 더 많이
이해하게 되었다." 에드워드 사이드와 다니엘 바렌보임이
1999년 팔레스타인과 이스라엘의 우호 증진을 위해 함께
설립한 서동시집 오케스트라West-Eastern Divan Orchestra에 대한
기사다. 아랍계, 유대계, 스페인계 학생들로 구성된
오케스트라는 상호신뢰의 원칙을 바탕으로 설립되었다.
"오케스트라에선 음악가들이 서로의 소리를 들어야 합니다.
옆 사람보다 크게 연주하려고 해서는 안 됩니다. 서로를
존중하고 이해해야 합니다." 바렌보임의 말이다. 한동안

언론에서 오케스트라를 집중적으로 다루면서 그 성과를
부풀렸다. 비판하는 이들은 많은 학생들이 오케스트라를
중동을 탈출하는 기회로만 여겼다고 했고, 덜 요란하고
더 지속적인 프로젝트에 쓸 수 있는 자금을 끌어갔다고
지적했다. 바렌보임은 오케스트라가 할 수 있는 일을
소박하게 평가했다. 2004년 라말라에서 유명한 음악회를
마치고 나서 이렇게 말했다. "갈등을 종식하지는 못했어도
두 시간 동안은 증오를 완전히 멈출 수 있었어요."

우리도 음악이 좋다고 그냥 떠들 것이 아니라 음악의
공인된 개인적·사회적 가치를 인정함으로써 잠재력을
평가해야 한다. 의심과 오해가 난무하는 글로벌 세계에서
음악이 문화 간 소통에 기여하는 역할도 마찬가지다.
우리는 슈토크하우젠이 〈벨트무지크〉라는 글에서 "유럽인이
발리 음악을 경험할 수 있고, 일본인이 모잠비크 음악을,
멕시코인이 인도 음악을 경험할 수 있다"고 주장한 바탕에
유럽 중심주의가 있음을 보았다. 유럽인은 상대의 관점에서
이해하려는 노력 없이 발리 음악을 오로지 자신의
관점으로만 경험할 수도 있다. 다른 세계관을 받아들이고
관계를 맺는 것이 아니라 자신의 세계관에 맞춰 멋대로
이해하는 것이다. 음악철학자 스티븐 데이비스의 말에
따르면, 발리 음악을 듣되 다음에 무엇이 올지 예상하거나
마지막에 마무리되었다는 느낌을 경험하지 못하는 사람은
"음악이 아니라 음악이 만드는 소음"에 관심을 갖는 것이다.
나무랄 데 없는 논리지만, 자칫 목욕물과 함께 아기까지
버릴 위험이 있다. 일단 데이비스의 기준대로라면, 서양
음악을 듣는 많은 청자들도 음악이 아니라 음악이 만드는

소음에 관심이 있다고 해야 한다. 정말 그렇게 말하고 싶은가? 또 하나, 설사 음악이 보편적인 언어가 아니라 해도 음악은 진짜 언어가 하지 못하는 방식으로 문화의 경계를 넘어 즐거움을 선사하고 같은 인간이라는 감정을 전달한다. 발리 음악의 음반을 들으면 그렇게 된다. 상대의 관점에서 이해하고 싶다는 노력을 불러일으켜 데이비스가 생각하는 진정한 문화 간 이해에 이를 수도 있다.

172

하지만 여기서 나는 댈리의 말에 일리가 있음을 인정해야겠다. 인간은 사회적 동물이며, 음악은 다른 사람들과 함께 경험할 때 의미를 가질 가능성이 가장 크다. 아파르트헤이트 정권이 종식될 때 〈아프리카를 축복하소서〉를 다 함께 부른 것이 그렇고, 스웨덴 합창단에서 활동하면서 주위에서 목소리들을 듣고 음악과 하나가 되는 느낌을 받았을 때가 그렇고, 그저 소중한 사람과 음악을 함께 들을 때도 그렇다. 비록 잠깐일지라도 음악의 친밀감은 사람들을 하나로 묶어준다. 이는 궁극적으로 데이비스가 말하는 이해의 문제가 아니다. 음악을 통해 서로 인간임을 나누는 문제다.

참고문헌

책에서 언급한 모든 녹음은 글을 쓰고 있는 현 시점에 스포티파이나
유튜브에서 들을 수 있다. 검색이 원활하지 않은 경우에만 스포티파이는
검색어를, 유튜브 영상은 URL을 제시했다.

들어가며

프루덴셜 광고: <https://www.youtube.com/watch?v=Z_0Takot9eM> (모든
URL은 2020년 9월 15일에 접속했다).

1장

Small, *Musicking: The Meanings of Performing and Listening* (Middletown,
CT: Wesleyan University Press, 1998). Sartre, *Psychology of the
Imagination* (London: Methuen, 1972), 224.

Steinhardt, *Indivisible by Four: A String Quartet in Pursuit of Harmony* (New
York: Farrar Straus Giroux, 1998). 그는 G장조 K.327 4중주를
언급하지만, 그런 4중주는 존재하지 않는다. 어린 시절의 습작 말고
모차르트가 작곡한 G장조 4중주는 K.387 하나뿐이다.

Schutz, 'Making music together: A study in social relationship', in
Arvid Brodersen (ed.), *Collected Papers II: Studies in Social Theory* (The
Hague: Martinus Nijhoff, 1967), 159–78 [175].

Ingold and Hallam (eds), 'Creativity and cultural improvisation: An
introduction', in Elizabeth Hallam and Tim Ingold (eds), *Creativity and
Cultural Improvisation* (Oxford: Berg, 2007), 1–24 [6, 10–11, 19].

Gergen, *Relational Being: Beyond Self and Community* (New York: Oxford
University Press, 2009), 30.

브라운 인용: Arthur Knight, 'Jammin' the blues, or the sight of jazz, 1944', in Krin Gabbard (ed.), *Representing Jazz* (Durham, NC: Duke University Press, 1995), 11–53 [16]. Sidran, *Black Talk* (New York: Holt, Rinehart and Winston, 1971), 6.

불레즈 인용: Michael Oliver, *Settling the Score: A Journey through the Music of the Twentieth Century* (London: Faber, 1999), 147. 밍거스 인용: Barry Kernfield, *What to Listen for in Jazz* (New Haven: Yale University Press, 1995), 119. 네틀 인용: *The Study of Ethnomusicology: Twenty-nine Issues and Concepts* (Urbana: University of Illinois Press, 1983), 40.

Berliner, *Thinking in Jazz: The Infinite Art of Improvisation* (Chicago: University of Chicago Press, 1994), 102. Nooshin, 'Improvisation as "other": Creativity, knowledge and power—The case of Iranian classical music', *Journal of the Royal Musical Association* 128/2 (2003), 242–96 [277].

암스트롱의 즉흥연주: Lawrence Gushee, 'The improvisation of Louis Armstrong', in Bruno Nettl with Melinda Russell (eds), *In the Course of Performance: Studies in the World of Musical Improvisation* (Chicago: University of Chicago Press, 1998), 291–334.

연주자에 대해 쇤베르크: Dika Newlin, *Schoenberg Remembered: Diaries and Recollections (1938–76)* (New York: Pendragon Press, 1980), 164.

Philip, *Early Recordings and Musical Style: Changing Tastes in Instrumental Performance, 1900–1950* (Cambridge: Cambridge University Press, 1992), 220.

고음악에 관한 핵심 논문: Leech-Wilkinson, 'What we are doing with early music is genuinely authentic to such a small degree that the word loses most of its intended meaning', *Early Music* 12/1 (1984), 13–16; Taruskin, 'The pastness of the present and the presence of the past', in *Text and Act: Essays on Music and Performance* (New York: Oxford University Press, 1995), 90–154 (원 논문은 1988).

Austin, *How to Do Things with Words: The William James Lectures delivered at Harvard University in 1955* (Oxford: Clarendon Press, 1962).

참고문헌

Hodge, 'Aesthetic decomposition: Music, identity, and time', in Michael Krausz (ed.), *The Interpretation of Music: Philosophical Essays* (Oxford: Clarendon Press, 1993), 247–58 (비트겐슈타인 논의 포함).

Solie, 'Whose life? The gendered self in Schumann's *Frauenliebe* songs', in Stephen Paul Scher (ed.), *Music and Text: Critical Inquiries* (Cambridge: Cambridge University Press, 1992), 219–40.

Potter, *Vocal Authority: Singing Style and Ideology* (Cambridge: Cambridge University Press, 1998), 182.

스웨덴 합창단원: Alf Gabrielsson, *Strong Experiences with Music: Music is much more than just music* (Oxford: Oxford University Press, 2011), 251.

Meintjes, 'The politics of the recording studio: A case study from South Africa', in Nicholas Cook et al. (eds), *The Cambridge Companion to Recorded Music* (Cambridge: Cambridge University Press, 2009), 84–97 [85].

경영학에서 음악 앙상블 연구: Yaakov Atik, 'The conductor and the orchestra: Interactive aspects of the leadership process', *Leadership and Organization Development Journal* 15/1 (1994), 22–8.

2장

루미 인용: Hasan Shah, *The Dancing Girl* (New York: New Directions, 1993), 93. 코스텔로 인용: Timothy White, 'A man out of time beats the clock', *Musician* 60 (October 1983), 52. Seeger, *Studies in Musicology 1935–75* (Berkeley: University of California Press, 1977), 45.

Kingsbury, *Music, Talent, and Performance: A Conservatory Cultural System* (Philadelphia: Temple University Press, 1988), 181.

와인 설명: Adrienne Lehrer, *Wine and Conversation* (New York: Oxford University Press, 2009).

Ellena, *Perfume: The Alchemy of Scent* (New York: Arcade Publishing, 2011), 38.

Scruton, *The Aesthetics of Architecture* (London: Methuen, 1979), 51.

Borges, 'Of exactitude in science', in *A Universal History of Infamy* (London: Allen Lane, 1973), 141.

그림6: 이 부분 해석을 도와주고, 자신이 옮겨 쓴 악보를 내가 재수록할 수 있도록 허락해준 수전 랭킨에게 감사드린다.

강희제: Shubing Jia, *The Dissemination of Western Music through Catholic Missions in High Qing China (1662–1795)* (PhD dissertation, University of Bristol, 2012), 32.

Sudnow, *Talk's Body: A Meditation between Two Keyboards* (New York: Knopf, 1979), 6–7.

Clark, *Supersizing the Mind: Embodiment, Action, and Cognitive Extension* (New York: Oxford University Press, 2008), 2.

인도 남부 노래의 음: Robert Gjerdingen, 'Shape and motion in the microstructure of song', *Music Perception* 6 (1988), 35–64.

Bamberger, 'Turning music theory on its ear: Do we hear what we see? Do we see what we say?', *International Journal of Computers for Mathematical Learning* 1 (1996), 33–55 [40].

해리슨 인용: Eric Clarke et al., 'Interpretation and performance in Bryn Harrison's *être-temps*', *Musicae Scientiae* 19 (2005), 31–74 [43].

음악가들의 과장된 주장: Marie Agnew, 'A comparison of the auditory images of musicians, psychologists and children', *Psychological Monographs* 31/1 (1922), 268–78.

고튼과 외스테르셰: Eric Clarke et al., 'Fluid practices, solid roles? The evolution of *Forlorn Hope*', in Clarke and Mark Doffman (eds), *Distributed Creativity: ollaboration and Improvisation in Contemporary Music* (New York: Oxford University Press, 2018), 116–35; Östersjö's six-minute passage of improvisation at <https://global.oup.com/us/companion.websites/780199355914/resources/video/ch6/> (first example); 9 finished piece on Spotify.

랭의 어처구니없는 규칙: Anne McCutchan, *The Muse that Sings: Composers Speak about the Creative Process* (New York: Oxford University Press, 1999), 222. Reynolds, *Form and Method: Composing*

Music (New York: Routledge, 2002), 41. 퍼니호: Ross Feller, 'E-sketches: Brian Ferneyhough's use of computer-assisted compositional tools', in Patricia Hall and Friedemann Sallis (eds), *A Handbook to Twentieth-Century Musical Sketches* (Cambridge: Cambridge University Press, 2004), 176–88.

베토벤 피아노 협주곡 악장 연주는 스포티파이에서 확인할 수 있다('Hess 15' 검색). 아울러 Nicholas Cook, 'Beethoven's unfinished piano concerto: A case of double vision?', *Journal of the American Musicological Society*, 42 (1989), 38–74를 보라. 연주 판본은 Kelina Kwan의 도움으로 마련했다.

파인만과 위너: James Gleick, *Genius: Richard Feynman and Modern Physics* (London: Abacus, 1994), 409.

베토벤의 작곡 조언: letter 1203 in Emily Anderson (ed.), *The Letters of Beethoven*, 3 vols (London: Macmillan, 1961). 숲속의 스케치: August von Klöber's account in [Alexander Wheelock] *Thayer's Life of Beethoven* (Princeton: Princeton University Press, 1967), 703.

Eno, 'The studio as compositional tool', in Christoph Cox and Daniel Warner (eds), *Audio Culture: Readings in Modern Music* (New York: Continuum, 2004), 127–30.

Merleau-Ponty, *Signs* (Evanston, IL: Northwestern University Press, 1964), 45.

3장

Allanbrook, *Rhythmic Gesture in Mozart:* Le Nozze de Figaro *and* Don Giovanni (Chicago: University of Chicago Press, 1983), 6.

하이든 4중주 곡: Edward Klorman, *Mozart's Music of Friends: Social Interplay in the Chamber Works* (Cambridge: Cambridge University Press, 2016), 41.

Boellstorff, *Coming of Age in Second Life* (Princeton: Princeton University Press, 2008), 201.

레싱(극을 동반하는 교향곡에 관한 글) 인용: Wye Jamison Allanbrook,

The Secular Commedia: Comic Mimesis in Late Eighteenth-Century Music, ed. Mary Ann Smart and Richard Taruskin (Berkeley: University of California Press, 2014), 24.

베토벤 교향곡 9번에 대한 평론 기사: 자세한 사항은 Nicholas Cook, *Beethoven: Symphony No. 9* (Cambridge: Cambridge University Press, 1993), 23, 27 (Kanne), 70–1 (Fröhlich), 37–8.

새로운 청취 관행: James Johnson, *Listening in Paris: A Cultural History* (Berkeley: University of California Press, 1996).

바그너와 롤랑: Cook, *Beethoven: Symphony No. 9, 73* ('고통을 통한 환희'는 96쪽).

Gjerdingen, *Music in the Galant Style* (New York: Oxford University Press, 2007), 7. 이 헌상을 파헤친 글은 Mark Evan Bonds, *The Beethoven Syndrome: Hearing Music as Autobiography* (New York: Oxford University Press, 2020).

Solomon, *Beethoven* (London: Macmillan, 1997), 222–23.

'유다'와 팬 인용: Christopher Paul Lee, *Like the Night (revisited): Bob Dylan and the Road to the Manchester Free Trade Hall* (London: Helter Skelter Publishing, 2004), 161. 방해꾼의 정체와 동기에 관해서는 증거가 엇갈린다.

피가니니와 쿠더의 영상("음악은 테크닉이 다가 아니라네")은 <https://www.youtube.com/watch?v=JvLkt_0dPP8>.

클라라 슈만 인용: Nancy Reich, *Clara Schumann: The Artist and Woman* (Ithaca, NY: Cornell University Press, 1985), 229.

슐뢰서와 로흘리츠의 날조: Solomon, 'On Beethoven's creative process: A two-part invention', *Music & Letters* 61 (1980), 272–83 [275, 274]. 레거: Giselher Schubert and Friedmann Sallis, 'Sketches and sketching', in Hall and Sallis, *A Handbook to Twentieth-Century Musical Sketches*, 5–16 [7].

Bilson, 'Execution and expression in the Sonata in E flat, K 382', *Early Music* 20 (1992), 237–43.

Pitts, 'Reflection', in Daniel Leech-Wilkinson and Helen Prior (eds), *Music and Shape* (New York: Oxford University Press, 2017), 386–87 [386].

Abbate, 'Music—drastic or gnostic?', *Critical Inquiry* 30 (2004), 505–36 [512]; Leech-Wilkinson, 'Cortot's Berceuse', *Music Analysis* 4 (2015), 335–63 [345]. 클래식 연주 기득권 세력에 대해 리치 윌킨슨: 'Classical music as enforced utopia', *Arts and Humanities in Higher Education* 15 (2016), 325–36.

청중 감소에 대해 크레이머: *Classical Music and Postmodern Knowledge* (Berkeley: University of California Press, 1995), 3–4. Alex Ross, 'Why so serious?', *New Yorker*, 8 September 2008. 여름밤 공연에 대해 크레이머: *Why Classical Music Still Matters* (Berkeley: University of California Press, 2007), 2.

버트위슬: Simon Barrow, NewFrontEars blog, 6 September 2003 (<http://newfrontears.blogspot.com/2003/09/180.html>).

딜런 박스 세트: Ben Sisario, 'Dylan's 1996 tapes find a direction home', *New York Times*, 11 November 2016 (<https://www.nytimes.com/2016/11/11/arts/music/bob-dylan-1966-live-recordings-video.html>).

비욘세와 립싱크: '"Any Questions?" Beyonce admits to lip-syncing but silences her critics by doing this…', *Her* (<https://www.her.ie/celeb/any-questions-beyonce-admits-to-lip-syncing-but-silences-her-critics-by-doing-this-26779>). 로레알의 피부색 보정: Mark Sweney, 'Beyoncé Knowles: L'Oreal accused of "whitening" singer in cosmetics ad', *The Guardian*, 8 August 2008 (<https://www.theguardian.com/media/2008/aug/08/advertising.usa>). 그란데의 피부색: Sabrina Barr, 'Ariana Grande accused of cultural appropriation by speaking with a "blaccent"', *The Independent*, 10 December 2018 (<https://www.independent.co.uk/life-style/ariana-grande-blaccent-thank-u-next-video-accent-cultural-appropriation-billboard-interview-a8675596.html>). 명예의 전당 전시: Ryan Reed, 'Beyonce fashion exhibit coming to Rock and Roll Hall of Fame', *Rolling Stone*, 18 July 2014 (<https://www.rollingstone.com/culture/culture-news/beyonce-fashion-exhibit-coming-to-rock-and-roll-hall-of-fame-236180>).

유명인: Jo Littler, 'Adrift or ashore? *Desert Island Discs* and celebrity culture', in Julie Brown et al. (eds), *Defining the Discographic Self: Desert Island Discs in Context* (London: British Academy, 2017), 93–106 [94].

《빌보드》지의 〈레모네이드〉 논평: Miriam Bale, 'Beyonce's "Lemonade" is a revolutionary work of black feminism: Critic's notebook', *Billboard* 25 April 2016 (<https://www.billboard.com/articles/news/7341839/beyonce-lemonade-black-feminism>). 비욘세는 2017년 그래미 시상식 수상 소감에서 〈레모네이드〉의 의도를 설명했다. 비욘세의 의상: Amy MacKeldan, 'Beyoncé's Coachella performance featured Destiny's Child, Jay Z, Solange, and several epic costume changes', *Harper's Bazaar*, 15 April 2018 (<https://www.harpersbazaar.com/culture/art-books-music/a19697446/beyonce-coachella-2018-performance/>).

작품의 재현인 음반: Nick Morgan, '"A new pleasure": Listening to National Gramophonic Society records, 1924–1931', *Musicae Scientiae* 14 (2010), 139–64 [151].

컬쇼의 혁신적인 프로덕션: David Patmore and Eric Clarke, 'Making and hearing virtual worlds: John Culshaw and the art of record production', *Musicae Scientiae* 11 (2007), 269–93 (그의 바그너 음반을 스포티파이에서 들으려면 'Solti Ring' 검색). 굴드의 혁신적인 프로덕션(예컨대 시벨리우스의 〈킬리키〉): Kevin Bazzana, *Glenn Gould: The Performer in the Work* (Oxford: Oxford University Press, 1997).

지펑크와 차량 내 음악 청취: Justin Williams, '"Cars with the boom": Music, automobility, and hiphop "sub" cultures', in Sumanth Gopinath and Jason Stanyek (eds), *The Oxford Handbook of Mobile Music Studies* (New York: Oxford University Press, 2014), vol. 2, 109–45 [126].

4장

Rousseau, *Essay on the Origin of Languages* (1781).

Savage, *Bytes and Backbeats: Repurposing Music in the Digital Age* (Ann Arbor: University of Michigan Press, 2011), 53.

Krims, *Music and Urban Geography* (New York: Routledge, 2007), 144, 136, 146, 149; 바흐의 음반은 오르간 협주곡 Wq.34(*Christine*

참고문헌

Schornsheim and the Akademie für Alte Musik), 어나니머스 4의 음반은 *American Angels*와 *The Origin of Fire*이다.

Christgau blog ('Xgau sez'): <http://www.robertchristgau.com/xgausez.php?d=2018-11-20>.

셀피 분석에 의한 추천: Sumanth Gopinath and Jason Stanyek, 'Techniques of the musical selfie', in Nicholas Cook et al. (eds), *The Cambridge Companion to Music in Digital Culture* (Cambridge: Cambridge University Press, 2019), 89–118 [96].

스포티파이의 '데일리 웰니스': <https://newsroom.spotify.com/2020-04-27/daily-wellness-a-new-mix-of-motivational-podcasts-and-personalized-music/>.

코스터의 블로그, 2016년 9월 16일: <http://www.markwk.com/2016/09/tracking-music-listening.html>.

Geertz, *Local Knowledge: Essays in Interpretive Anthropology* (New York: Basic Books, 1983), 59.

미쿠의 동영상 통계는 <https://ec.crypton.co.jp/pages/prod/vocaloid/cv01_us>. 팬들의 견해: Rafal Zaborowski, 'Hatsune Miku and Japanese virtual idols', in Sheila Whiteley and Shara Rambarran (eds), *The Oxford Handbook of Music and Virtuality* (New York: Oxford University Press, 2016), 111–28 [123].

휘태커의 〈천국까지 날아올라〉 리믹스 사이트: <https://ericwhitacre.com/the-virtual-choir/history/vc4-flytoparadise-remix>.

Finnegan, *The Hidden Musicians: Music-Making in an English Town*, 2nd edn (Middletown, CT: Wesleyan University Press, 2007).

Cook, 'Video cultures: "Bohemian Rhapsody", *Wayne's World*, and beyond', in Joshua Walden (ed.), *Representation in Western Music* (Cambridge: Cambridge University Press, 2013), 79–99.

웰: Howard Rheingold, *The Virtual Community: Homesteading on the Electronic Frontier* (Reading, MA: Addison-Wesley, 1993).

Jenkins, *Convergence Culture: Where Old and New Media Collide* (New York: New York University Press, 2006). 젠킨스의 할머니: Jenkins et al., *Participatory Culture in a Networked Era* (Cambridge: Polity Press, 2016), 7–8.

Turino, *Music as Social Life: The Politics of Participation* (Chicago: University of Chicago Press, 2008).

Shifman, *Memes in Digital Culture* (Cambridge, MA: MIT Press, 2014).

냥캣의 비디오를 보려면 <https://www.youtube.com/watch?v=QH2-TGUlwu4&list=PLbRUzU8R_JMJ68MGQ9PJHYS4TxD29jwVu>.

냥캣에 대한 정보는 <https://knowyourmeme.com/memes/nyan-cat>.

Richardson, *An Eye for Music: Popular Music and the Audiovisual Surreal* (New York: Oxford University Press, 2012), 171.

Jenkins et al., *Spreadable Media: Creating Value and Meaning in a Networked Culture* (New York: New York University, 2013).

Rolland, *Beethoven* (London: Kegan Paul, 1919), 47.

냅스터 사용자 수 통계: Michael Gowan, 'Requiem for Napster', *PC World*, 18 May 2002 (<https://www.pcworld.idg.com.au/article/22380/requiem_napster/>). 음반 업계의 소송: Mark Katz, *Capturing Sound: How Technology has Changed Music* (Berkeley: University of California Press, 2004), 176; 'Minnesota woman ordered to pay $222,000 in music piracy case', *Rolling Stone*, 12 September 2012 (<https://www.rollingstone.com/music/music-news/minnesota-woman-ordered-to-pay-222000-in-music-piracy-case-236366/>). 레시그 인용: *Remix: Making Art and Commerce Thrive in the Hybrid Economy* (London: Bloomsbury, 2008), 114. 젠킨스 인용: *Convergence Culture*, 163–64.

합법적 구매의 증가: Katz, *Capturing Sound*, 169. 아이튠즈 계정: Rhiannon Williams, 'What does iTunes closing down mean for my music collection?', *iNews*, 4 June 2019 (<https://inews.co.uk/news/technology/wwdc-2019-itunes-has-been-o½cially-replaced-by-apple-music-tv-and-podcasts-500983>).

〈밴드캠프〉 고객들의 초과 지불: 판매 FAQ 'What pricing performs best?' (<https://get.bandcamp.help/hc/en-us/articles/360007802534-What-pricing-performs-best->).

참고문헌

부시의 아이팟 재생 목록: e.g. Elisabeth Bullimer, 'White House letter: President Bush's iPod', *New York Times*, 11 April 2005 (<https://www.nytimes.com/2005/04/11/politics/white-house-letterpresident-bushs-ipod.html>).

스포티파이의 섹스를 위한 음악 재생 목록: Alex Hern, 'Spotify knows what music you're having sex to', *The Guardian*, 13 February 2015 (<https://www.theguardian.com/technology/2015/feb/13/spotify-knows-what-music-youre-having-sex-to>).

스포티파이의 개인정보 보호 정책(2018년 5월 25일), <https://www.spotify.com/uk/legal/privacy-policy-update/?_ga=2.210533909.141856396.1599498539-203562537.1524838649>. 구글은 당신이 임신한 사실을 안다: Bill Thompson, 'The net reveals the ties that bind', *BBC News*, 17 November 2008 (<http://news.bbc.co.uk/2/hi/technology/7733368.stm>). 스포티파이의 약속(2015 미디어 홍보 자료에서): Eric Drott, 'Music as a technology of surveillance', *Journal of the Society for American Music* 12/3 (2018), 233–67 [258]. 라인골드 인용: *The Virtual Community*, 297.

5장

그네키 신부: Eta Harich-Schneider, *A History of Japanese Music* (London: Oxford University Press, 1973), 457. 18세기의 캘커타: Raymond Head, 'Corelli in Calcutta: Colonial music-making in India during the 17th and 18th centuries', *Early Music* 13/4 (1985), 548–53; Ian Woodfield, *Music of the Raj: A Social and Economic History of Music in Late Eighteenth-Century Anglo-Indian Society* (Oxford: Oxford University Press, 2000).

모차르트와 하이든: Karl Geiringer, *Joseph Haydn: A Creative Life in Music*, 3rd edn (Berkeley: University of California Press, 1982), 98.

리우데자네이루의 신문 기사: *L'Écho*, 3 October 1827, quoted in Ben Walton, 'Listening through the operatic voice in 1820s Rio de Janeiro', in Peter McMurray and Priyasha Mukhopadhyay (eds), *Acoustics of*

Empire (New York: Oxford University Press, forthcoming); 번역본을 사용하게 해준 벤 월튼에게 감사드린다. 보디치 인용(같은 책에서 제임스 데이비스의 논의): Thomas Bowditch, *Mission from Cape Coast Castle to Ashantee* (London: John Murray 1819), 451. 바바 인용: Jonathan Rutherford, 'The third space: Interview with Homi Bhabha', in Jonathan Rutherford (ed.), *Identity: Community, Culture, Difference* (London: Lawrence & Wishart, 1998), 207–21 [208].

파웰: Rolf Charlston, 'A rhapsodic *Heart of Darkness*: John Powell's *Rhapsodie Nègre*', *The Conradian* 26/2 (2001), 79–90; Lester Feder, 'Unequal temperament: The somatic acoustics of racial diꝰerence in the symphonic music of John Powell', *Black Music Research Journal* 28/1 (2008), 17–56.

티키 타아네: Wilson, 'Tiki Taane's *With Strings Attached: Alive and Orchestrated* and postcolonial identity politics in New Zealand', in Tina Ramnarine (ed.), *Global Orchestras* (New York: Oxford University Press, 2018), 245–60 [248].

얼후 연주: 다음을 참고했다. Jonathan Stock, *Musical Creativity in Twentieth-Century China: Abing, his Music, and its Changing Meanings* (Rochester, NY: Rochester University Press, 1996).

Takemitsu, 'Contemporary music in Japan', *Perspectives of New Music* 27/2 (1989), 198–204 [199].

백인 우월주의와 극보수주의 음악에 관해서는 다음을 보라. Wikipedia, 'White power music', 'National Socialist black metal'.

국가별 메탈 밴드 목록: Metal Archives (<https://www.metal-archives.com/browse/country>), 분포도(<https://www.altpress.com/news/the_distribution_of_heavy_metal_bands_around_the_world_according_to_guardia/>); 다운로드: Kevin Cornell, 'Tunecore artists hit cash record: $1.5billion in revenue', TuneCore News, 29 April 2019 (<https://www.tunecore.com/blog/2019/04/tunecore-artists-hit-cash-record-1-5-billion-in-revenue.html>).

엠프레스오브러시아에서 이루어진 회의 자료: <https://frootsmag.com/world-music-history-minutes-and-press-releases>. Agawu, *Representing*

참고문헌

African Music: Postcolonial Notes, Queries, Positions (New York: Routledge, 2003), 6.

벨트무지크: Björn Heile, '*Weltmusik* and the globalization of new music', in Heile (ed.), *The Modernist Legacy: Essays on New Music* (Farnham: Ashgate, 2009), 101–21; Stockhausen, *Texte zur Musik 1970–1977* (Cologne: DuMont, 1978), 468–76 (translation by Tim Nevill and Suzanne Stephens, formerly at <http://www.stockhausen.org/ stockhausen_texts.html>). 독일 음악의 우위에 대해 쇤베르크: Hans Heinz Stuckenschmidt, *Arnold Schoenberg: His Life, World and Work* (London: Calder, 1977), 277.

Chou, 'East and West, old and new', *Asian Music* 1/1 (1968–69), 19–22, and 'Asian esthetics and world music', in Harrison Rykert (ed.), *New Music in the Orient* (Buren: Frits Knupf, 1991), 177–87 [177].

스콧 인용: 'Cosmopolitan musicology', in Elaine Kelley et al. (eds), *Confronting the National in the Musical Past* (London: Routledge, 2018), 17–30 [18–19].

댈리 인용: Laurent Aubert, *The Music of the Other: New Challenges for Ethnomusicology in a Global Age* (Aldershot: Ashgate, 2007), 55.

Tolkien, *The Lord of the Rings* (London: HarperCollins, 1994), 564.

Horkheimer, *Critical Theory: Selected Essays* (New York: Continuum, 1982), 244.

삶을 변화시키는 노래와 피시앤드칩스 가게: Caroline Bithell, *A Different Voice, a Different Song* (New York: Oxford University Press, 2014), 14, 20.

기사: 'Barenboim's harmonious message goes beyond classical music', *The Guardian*, 30 April 2006, at <https://www.theguardian.com/ commentisfree/2006/apr/30/arts.classicalmusicandopera>. 바렌보임 인용: <https://danielbarenboim.com/daniel-barenboim-and-edward-said-upon-receiving-the-principe-de-asturias-prize/>와 <https:// danielbarenboim.com/speech-given-by-daniel-barenboim-upon-receiving-the-buber-rosenzweig-medal-at-the-week-of-fraternity-2004/>. 비판: Rachel Beckles Willson, 'The parallax worlds of the West-Eastern

Divan Orchestra', *Journal of the Royal Musical Association* 134/2 (2009), 319–47.

Davies, *Musical Meaning and Expression* (Ithaca, NY: Cornell University Press, 1994), 326.

더 읽을거리

이 책의 상당 부분은 내가 진행한 연구를 바탕으로 187
한 것이다. 더 자세한 내용을 읽고 싶다면 아래의 자료를
참고하라. *Music as Creative Practice* (New York: Oxford
University Press, 2018), 1−3장과 관련됨. *Beyond the Score:
Music as Performance* (New York: Oxford University
Press, 2013), 1장, 3−4장과 관련됨. 'Digital technology and
cultural practice', in Nicholas Cook et al. (eds),
The Cambridge Companion to Music in Digital Culture
(Cambridge: Cambridge University Press, 2019), 5−28,
4장과 관련됨. 'Western music as world music', in Philip
Bohlman (ed.), *The Cambridge History of World Music*
(Cambridge: Cambridge University Press, 2013), 75−99,
5장과 관련됨.

이 글을 쓰는 지금 옥스퍼드 출판사의 '매우 짧은 소개'
시리즈에는 고음악, 영화음악, 블루스, 컨트리 음악, 포크
음악, 월드뮤직, 오케스트라, 민족음악학, 음악심리학을 다룬
책도 나와 있다. 재즈와 록을 다룬 책은 아직 없지만
(로큰롤 책이 출간 예정 목록에 있다―옮긴이), 이런 주제의
입문서로 Ted Gioia, *The History of Jazz*, 2nd edn (New
York: Oxford University Press, 2013)[한국어판: 테드 조이아

《재즈의 역사》(이주은 옮김, 서커스, 2025)]와 John Covach and Andrew Florey, *What's that Sound? An Introduction to Rock and Its History*, 5th edn (New York: Norton, 2018)가 있다.

서양 음악을 쉽게 서술한 입문서로 Howard Goodall, *The Story of Music* (London: Chatto and Windus, 2013) [한국어판: 하워드 구달 《하워드 구달의 다시 쓰는 음악 이야기》(장호연 옮김, 뮤진트리, 2015)]을 추천한다. 고전음악 전통에 집중한 책으로는 Julian Johnson, *Classical Music: A Beginner's Guide* (Oxford: Oneworld, 2009)가 있다. 한 권으로 된 고전음악 역사서는 Mark Evan Bond, *History of Music in Western Culture*, 4th edn (Boston: Pearson, 2014)를, 20세기 음악을 알고 싶다면 Alex Ross, *The Rest is Noise: Listening to the Twentieth Century* (London: Fourth Estate, 2007)[한국어판: 알렉스 로스 《나머지는 소음이다》(김병화 옮김, 21세기북스, 2010)]를 추천한다. 이보다 포괄적인 자료를 원한다면 무려 3856쪽에 이르는 Richard Taruskin, *Oxford History of Music* (New York: Oxford University Press, 2009)<https://www.oxfordwesternmusic. com/>이 있다. 각기 다른 저자가 맡아서 쓴 *Cambridge History of Music*에는 각각의 시대를 서술한 책도 있고, 미국 음악, 서양 음악이론[한국어판: 토머스 크리스텐슨 엮음 《케임브리지 서양 음악이론의 역사》(음악사연구회 옮김, 음악세계, 2022)], 월드뮤직, 음악 연주, 음악 비평 등 주제를 잡아서 서술한 책도 있다. Jonathan Sterne, *The Audible Past: Cultural Origins of Sound Reproduction* (Durham, NC:

Duke University Press, 2003)[한국어판: 조너선 스턴 《청취의 과거》(윤원화 옮김, 현실문화, 2010)]은 음악 테크놀로지가 문화사, 소리 연구와 어떻게 연결되는지 보여준다. 빠르게 발달하고 있는 소리 연구 분야에 대해서는 스턴이 입문서격인 선집 *The Sound Studies Reader* (Abingdon: Routledge, 2012)의 편집을 맡기도 했다.

고전음악이 오늘날 사회에서 맡고 있는 역할을 음악학적 관점에서 논의한 책은 Julian Johnson, *Who Needs Classical Music?* (Cambridge: Cambridge University Press, 2003)과 Lawrence Kramer, *Why Classical Music Still Matters* (Berkeley: University of California Press, 2007)다. 사회학적 관점의 논의는 David Hesmondhalgh, *Why Music Matters* (Malden, MA: Wiley-Blackwell, 2013)[한국어판: 데이비드 헤즈먼드핼시 《음악은 왜 중요할까?》(최유준 옮김, 오월의봄, 2024)]에서 볼 수 있다.

학술적인 음악 연구의 주제와 접근법을 개괄한 입문서는 J.P.E. Harper-Scott and Jim Samson (eds), *An Introduction to Music Studies* (Cambridge: Cambridge University Press, 2009)[한국어판: J.P.E. 하퍼-스코트, 짐 샘슨 엮음 《음악학 개론》(민은기 옮김, 음악세계, 2014)]다. 내가 맡은 장 '음악 산업에 관하여(on the music business)'는 이 책에서 내가 말하는 내용을 더 자세히 기술했다. 최근의 음악 연구 경향을 반영한 책으로 David Beard and Kenneth Gloag, *Musicology: The Key Concepts*, 2nd edn (Abingdon: Routledge, 2016)[한국어판(초판): 데이비드 비어드, 케네스 글로그 《음악학 핵심 개념 96》(음악미학연구회 옮김,

태림스코어, 2013)]가 있으며, Nicholas Cook and Mark Everist (eds), *Rethinking Music* (Oxford: Oxford University Press, 1999)과 Martin Clayton et al. (eds), *The Cultural Study of Music: A Critical Introduction*, 2nd edn (New York: Routledge, 2012)도 참고하라.

서양 음악과 비서양 음악 모두 특정 장르와 주제를 다룬 문헌은 수없이 많은데, 각기 다른 저자가 참여한 시리즈를 읽어보면 좋을 것이다. 지금까지 음악에 관한 책만 70권 넘게 나온 'Cambridge Companion' 시리즈, 온라인 라이브러리로 기획했고 종이책으로도 출간된 'Oxford Handbook' 시리즈가 있다.

서양 고전음악을 중점적으로 다룬 한 권짜리 참고자료는 Alison Latham, *The Oxford Companion to Music* (Oxford: Oxford University Press, 2002)이다. 이제 옥스퍼드 뮤직 온라인<https://www.oxfordmusiconline.com/>에서 볼 수 있다. 'Grove Music Online'도 여기에 통합되었는데, 음악과 관련하여 영어로 쓰인 가장 권위 있고 포괄적인 자료다(고전음악의 역사에 치중했지만 이제 점차 다른 음악도 포괄하고 있다). 월드뮤직과 관련하여 핵심적인 온라인 참고 자료는 'Garland Encyclopedia of World Music'이다. 원래 10권의 책으로 출간되었고 이제 <http://glnd.alexanderstreet.com>에서 볼 수 있다.

학부에서 미학을 전공한 나는 본격적으로 음악을 공부하려고 음악학과에 들어갔고, 그 무렵 대중음악 비평 모임에서도 활동했다. 나는 세 분야를 통합하는 이론적 모델을 마련하는 것을 과제로 삼았고, 그러려면 미학과 음악학, 예술음악과 대중음악을 연결해주는 다리가 필요했다. 그 다리를 찾는 과정에서 만난 학자 가운데 한 명이 니컬러스 쿡이다.

그는 참으로 이채로운 존재였다. 음악학의 중심에 있으면서 학계 주변부 흐름에도 밝았다. 서양의 음악학이 어떤 토대에 서 있는지 명확하게 인지했고, 다들 악보에 적힌 음에만 매달릴 때 연주와 청취라는 측면에도 관심을 쏟았다. 당시 나의 가장 큰 관심사는 '전공자가 듣는 음악'과 '음악 애호가가 듣는 음악' 사이의 괴리였다. 쇤베르크처럼 악보로만 음악을 듣는다는 것은 어떤 것일까? 악보를 읽지 못하면 고전음악을 이해하지 못하는 걸까? 그는 나의 질문에 실마리를 줄 수 있는 사람으로 보였다.

영국에서 공부할 때 옥스퍼드대학교 출판부의 '매우 짧은 소개' 시리즈로 출간된 이 책을 접했다. 이 작은 책이 가진 넓은 시야에 매료되었다. 세상에 음악의 아름다움을 즐기도록 도와주는 책은 많았지만, 음악이 만들어지고 소비되는 맥락을 짚어주며 음악에 대한 사고를 자극하는

책은 드물었다. 더 많은 사람에게 읽히고 싶다는 욕심을 품은
차에, 운 좋게도 한국어판 번역을 내가 맡게 되었다.

초판이 나오고 20여 년의 세월이 흘렀다(한국어판은
중간에 출판사가 한 번 바뀌었다). 이제 개정판으로 독자들과
만난다. 초판을 읽어본 사람은 알겠지만 여느 개정판과
다르다. 처음 개정판 번역을 맡으며, 초판과 글이 아예 달라서
당황했던 기억이 난다. 부분적인 개조가 아니라 기둥만
남겨놓고 다 뜯어고친 글이다. 니컬러스 쿡은 초판의
문제의식만 가져와 처음부터 새로 썼다. 생각해보면 그럴
만도 하다. 음악을 둘러싼 상황이 그간 몰라보게 바뀌었으니
말이다. 그 핵심에는 디지털 기술이 있고, 음악은 전례 없는
양적 팽창을 겪었다. 휴대용 단말기를 통해 웹에 접속하면
세상의 거의 모든 음악을 언제라도 거의 무료로 들을 수 있는
시대가 되었다.

디지털과 웹은 우리 삶의 모든 면을 바꿔놓았지만
음악만큼 격동의 변화를 겪은 예술은 없다. 소비하는 음악만
많아진 것이 아니라 음악을 소비하는 방식도 달라졌다.
저자는 이 책에서 이를 '생활양식'이라는 측면에서 설명한다.
음악이 우리 삶에 깊숙이 들어오면서 듣는 사람의 필요가
무엇보다 중요한 시대가 되었다. 음악을 만드는 방식도
영향을 받았다. 참여용 음악이 늘어났고 아마추어 활동이
봇물처럼 터졌다. 소비와 생산의 경계가 희미해진 것이다.
문화적 국경의 문턱은 더 낮아지고, 음악의 맥락은 한층
복잡하고 다양해졌다. 〈케이팝 데몬 헌터스〉 신드롬은 이런
변화를 보여주는 하나의 예일 뿐이다.

이렇게 달라진 상황에 맞춰 책의 후반부는 새로 썼고,

전반부에서는 초판의 논점들을 정리하고 보강했다. 음악의
도구인 악보와 악기가 음악을 구상하는 데서 어떻게
작용하는지 다루는 대목, 그리고 음악 해석의 범위를 다루는
대목은 논의가 훨씬 정교해졌다(사소한 오류가 교정되고
적절한 예가 더해졌음은 물론이다). 저자가 본래의 관심사를
놓치지 않고 계속 다듬어나갔다는 증거다. 개정판은
모름지기 이래야 한다.

오늘날 우리는 음악을 유례없이 풍요롭게 누리고 있다.
이러한 풍요 속에서 음악의 힘을 이해하는 것이 한층
중요해졌다. 음악이 어떻게 우리를 표현하고 우리를
설득하는지, 우리에게 어떤 효과를 미치는지 말이다. 책의
마지막에서 저자는 음악의 세상을 살아가는 데 중요한
기술로 '미디어 문해력'을 꼽았다. 한 번도 음악을 문해력의
대상으로 본 적이 없었지만, 사실 생각해보면 태초에
음악과 말은 하나였다. 음악은 감정을, 말은 의사소통을 나눠
맡으면서 점차 분화한 것이다. 말을 제대로 구사하기
위해서는 배워야 한다. 음악이라고 다를까? 음악에 휘둘리지
않고 제대로 사용하고 즐기려면 음악도 배워야 한다.
이 책은 이 시대에 필요한 바로 그 배움을, 독자들에게
줄 수 있다.

찾아보기

196

지은이 니컬러스 쿡(Nicholas Cook)

폭넓은 음악 분야를 두루 섭렵한 영국의 음악학자. 2009년부터 2017년까지
케임브리지 음악대학 교수로 재직했다. 홍콩대학교, 시드니대학교,
사우샘프턴대학교에서도 가르쳤으며, 사우샘프턴에서는 인문대학 학장을
지냈다. 또한 런던대학교 로열 홀러웨이에서 녹음음악사·분석 연구센터
(AHRC Research Centre for the History and Analysis of Recorded Music,
CHARM)를 이끌었다. 지은 책으로《음악 분석 입문(A Guide to
Musical Analysis)》(1987),《음악, 상상력, 그리고 문화(Music, Imagination,
and Culture)》(1990),《음악적 멀티미디어 분석(Analysing Musical
Multimedia)》(1998),《셴커 프로젝트(The Schenker Project: Culture, Race,
and Music Theory in Fin-de-siècle Vienna)》(2007),《음악은 왜
중요한가(Music: Why it Matters)》(2023),《음악, 조우, 공동성(Music,
Encounter, Togetherness)》(2024) 등이 있다.

《음악에 관한 몇 가지 생각》은 옥스퍼드대학교 출판부에서 펴내는
'매우 짧은 소개(A Very Short Introduction)' 시리즈 가운데 하나로,
1998년에 출간되어 전 세계 17개 언어로 번역되었다. 이후 디지털 기술과
팬데믹이 바꿔놓은 음악 환경을 거치며 2021년 그는 이 책을 완전히
새롭게 다시 썼다. 이 책은 2021년 출간된 2판(Second Edition)의 한국어
번역본이다.

옮긴이 장호연

서울대학교 미학과와 음악학과 대학원을 졸업하고, 영국 뉴캐슬대학교에서
대중음악을 공부했다. 현재 음악·과학·문학 분야를 넘나드는 번역가로
활동하고 있다. 옮긴 책으로는《애도하는 음악》《왜 베토벤인가》
《이 레슨이 끝나지 않기를》《쇼스타코비치》《고전적 양식》《우리
시대의 작가》《하워드 구달의 다시 쓰는 음악 이야기》《리슨 투 디스》
《뮤지코필리아》《하늘의 모든 새들》《시선들》등이 있다.

음악에 관한 몇 가지 생각

1판 1쇄 펴냄 2016년 9월 30일
1판 5쇄 펴냄 2023년 12월 1일
개정판 1쇄 펴냄 2025년 12월 17일

지은이 니컬러스 쿡
옮긴이 장호연
디자인 전용완

펴낸곳 곰출판
출판신고 2014년 10월 13일 제2025-000148호
전자우편 book@gombooks.com
전화 070-8285-5829   팩스 02-6305-5829

종이 영은페이퍼
제작 우담프린팅

ISBN 979-11-89327-48-4   03670